Biografía

Penny McLean, la que fue celebrada estrella del *pop* en sus tiempos, se dio a conocer con un primer libro donde daba forma novelada a sus experiencias sobre viajes astrales y sesiones espiritistas, sobre el *karma* y la reencarnación. En esta obra relata sus propias vivencias en el mundo de los ángeles.

Comunícate con tu ángel guardián

Penny McLean

Martínez Roca

Título original: *Kontakte mit Deinem Schutzgeist*

Primera edición en esta colección: julio de 1997
Segunda edición en esta colección: julio de 1999

© Peter Erd Verlag, 1988
Traducción de J. A. Bravo
© Ediciones Martínez Roca, S. A., 1994 y 1999
Enrique Granados, 84 - 08008 Barcelona
Edición especial para Bestselia, S. A.

Diseño de cubierta: Dpto. de Diseño de Bestselia
Fotografía de cubierta: © Sílvia Aguado

ISBN 84-8327-007-2
Depósito legal: B. 34.852 - 1999
Fotomecánica cubierta: Nova Era
Impresor: Litografía Rosés
Impreso en España - Printed in Spain

A todos los que buscan.

Capítulo 1

La biografía

Ángel de la guarda,
dulce compañía,
no me desampares
ni de noche ni de día.

En algún momento de la infancia, antes de ingresar en la escuela, dejé de rezarle al ángel de la guarda. No porque hubiese dejado de creer en él, sino por economía de tiempo. Me pareció que Jesús, María y el Padre eran, en líneas generales, más merecedores de rezos que un ángel de quien nada se sabía con exactitud.

A veces se veían, en los dormitorios de algunos venerables parientes, hermosas imágenes en donde él aparecía provisto de unas alas gigantescas y amparando a unos espantados hermanitos mientras éstos cruzaban ruinosos puentes sobre ríos de aguas bravas. Claro que yo vivía en una pequeña ciudad austríaca donde, si bien teníamos un lago y varios riachuelos idílicos, los puentes no se hallaban en modo alguno ruinosos; así que las invocaciones al ángel de la guarda parecían estar de más. Seguíamos rezando el Padrenuestro, el Avemaría e incluso el Gloria, repertorio fundamental que a lo largo de los años se amplió en otras cincuenta oraciones e himnos religiosos más, obedientemente frecuentados. Pero luego no nos mencionaban para nada al ángel de la guarda, si exceptuamos algunas ocasiones históricas como la Anunciación y la Natividad de Jesucristo, últimos eventos destacados en que el ángel tuvo oportunidad de perfilarse.

Hay que reconocer que hubo tiempos mejores para los ángeles. A saber, los del Antiguo Testamento. Pero éste quedaba demasiado lejos para mí, de manera que por ahí no venía a constituir un centro de interés suficiente.

De María, al menos, constaban algunas intervenciones sonadas en épocas posbíblicas, por lo general con velo y con el niño Jesús en brazos, a fin de anunciar profecías más o menos tenebrosas. En cambio, ¿cuándo se ha visto que haya surgido un centro de peregrinaciones para conmemorar que a alguien se le apareció su ángel de la guarda?

Al ángel sólo le rezan los niños en el mejor de los casos; ¡es tan hermoso verlos arrodillados al lado de la camita, con las manos juntas, para decir su pequeño verso! Con los años, sin embargo, el ángel de la guarda se ve relegado al mismo cajón que el ratoncito Pérez, Santa Claus y el Unicornio.

Así pasó también conmigo. Sólo que... mi ángel guardián no se dejaba maltratar de esa manera, y quiso que yo me enterase de su existencia y aprendiese a relacionarme con él, a comprenderle. Al principio tenía todas las probabilidades 0 a 1 en contra, pues ante todo le era preciso salir del cajón en donde muy injustamente –según se echó de ver luego– había sido confinado, y hallar la manera de establecerse óptimamente.

Nunca en la vida olvidaré la primera vez que lo percibí conscientemente como una voz ajena en mi cerebro y como un «algo» que se preocupaba por mí y deseaba ayudarme; nótese bien, para mí todavía no era más que un «algo», no un ángel guardián.

Contaba yo entonces nueve años y diez meses de edad, y mis padres me internaron en un colegio horrible, católico a machamartillo. No comprendí bien adónde iría a parar, hasta que mi madre hubo guardado el último de mis artículos personales en el neceser y mi padre me regaló un misal con la oportuna recomendación de que no lo perdiese y, ya en un plano más general, un «pórtate bien» de despedida. Durante el viaje me asaltó una desesperación tan profunda, que apenas pude contener las lágrimas. Tan pronto como llegamos al destino eché a correr murmurando «lavabos» hacia donde sospechaba que hallaría la instalación sanitaria en cuestión, y encerrada en una de aquellas diminutas celdas, con la espalda apoyada contra el tabique, deseé morirme.

Y fue entonces, en aquel camaranchón, donde le oí por primera vez, aunque no sabía que era *él*, el protector que yo había solicitado, o mejor dicho mendigado, para que me acompañase en mi existencia terrenal. Aún faltaban muchos años para que yo supiera su nombre, y otros tantos hasta el momento doloroso de la separación, cuando se despidió de mí para reencarnarse a su vez. Su voz me llegó tan clara y nítida como si hubiese tenido otra persona a mi lado, y sin embargo supe en seguida que quien me hablaba era un personaje invisible; como detalle sintomático, ni por un momento se me ocurrió preguntarme quién era el que así hablaba dentro de mi cabeza, ni tuve miedo ninguno.

Lo que sí me daba miedo era el ambiente que me rodeaba y el porvenir desconocido. Necesitaba un consuelo y unos consejos que mis padres no podían prodigarme, ni lo creían necesario, porque no se daban cuenta de mi padecimiento. ¡En cambio, el que me hablaba en mi cabeza lo comprendía todo, lo sabía todo, lo intuía todo! Imposible recordar palabra por palabra cuanto dijo, aunque en esencia vino a manifestarme que estaba conmigo, que no temiese nada y que todo saldría bien.

Dicho así, retrospectivamente, no impresiona demasiado, pero en aquella situación y el *cómo lo dijo*, el efecto fue tan persuasivo y tranquilizador que mis padres se despidieron de mí convencidos de que me dejaban alegre y contenta con mi suerte.

Por aquellos años seguí teniendo contactos con el invisible, pero no fueron conscientes, o por lo menos yo no los recuerdo, salvo una sola excepción. Y fue que me dictó un examen de física desde la A hasta la Z, resolviendo todos los problemas de forma tan brillante como original, es decir saltándose las rutinas y las fórmulas que nos habían enseñado en clase. La profesora no daba crédito a sus ojos; no por casualidad había sido yo durante años su peor alumna, con perseverancia digna de mejor causa. El sorprendente resultado de la evaluación le dio que pensar, pero no por mucho tiempo, pues nunca conseguí repetir el fenómeno.

Lo más interesante fue que la voz se presentó cuando ya estaban repartidos los formularios del examen, me saludó y acto seguido se puso a dictar durante media hora, sin una sola pausa, hasta que hube rellenado cuatro páginas, y sin omitir las explicaciones necesarias para que yo entendiese lo dictado. Ha sido la única media hora de mi vida en que he tenido una comprensión de los hechos físicos perfectamente clara, transparente diría más bien, pero sólo mientras estuvo presente mi protector. Cuando éste se hubo retirado lejos de mi alcance, me vi en la imposibilidad de explicar ni un solo párrafo de mi ejercicio.

Transcurrieron cinco años sin más novedad en el tema que aquí nos ocupa, hasta que se reprodujo el fenómeno durante mis estudios de pedagogía y sociales. Ocurrió durante un examen de alemán y de tal manera que cuando yo tenía redactada una frase, escuchaba en mi cabeza una contrapropuesta que mejoraba en un cien por cien la redacción pensada por mí.

Ni siquiera hoy me veo capaz de explicar cómo ni en qué condiciones se producía esa colaboración espontánea. Al parecer, el invisible se hacía presente cuando a él se le antojaba, y sólo cuando mis actividades le pareciesen divertidas.

Sinceramente he intentado concentrarme con todas mis fuerzas tratando de recordar cuántas veces se produjeron esos «destellos de inteligencia»; en parte la dificultad deriva de que en aquel entonces yo creía ingenuamente que eran mías aquellas manifestaciones y expresiones, aunque nadie, ni yo misma, sospechara que fuesen posibles en mí. No se me ocurrió pensar que tal vez yo no fuese más que el aparato receptor de una emisora cuyo repetidor se hallase en otra parte.

A partir de esa época, sin embargo, algunos conocidos empezaron a atribuirme facultades de clarividente. Esto era debido a que, cada vez que miraba fijamente a alguien, pasaban por mi cabeza ideas que manifestaba en voz alta inmediatamente, sin pararme a pensar si la ocasión era oportuna o no. Y muchas veces quedé asombrada de mis ocurrencias. Estas interrupciones vehementes en los procesos normales de mi pensamiento llegaron a serme tan familiares, que acabé por aceptarlas como una parte de mi supuesta mentalidad.

Alrededor de los diecinueve años de edad conocí a la que sin duda puedo considerar la más importante de las maestras que he tenido: Mira von Dietlein, astróloga de profesión. Contaría, la primera vez que hablamos, unos sesenta y cinco años, y tras escucharme un rato identificó en mí, sin titubeo alguno, «el receptor de radio».

Siempre he llevado la contraria a quienes han querido ver en mí facultades mediúmnicas, aunque quizá tuviesen razón. Y es que he asistido a demasiadas de esas sesiones, para mí desagradables, en que la médium quedaba totalmente privada de su personalidad y facultades habituales para dejar que se apoderase de ella otra potencia y servir de vehículo a los mensajes de ésta; yo misma jamás he sido presa de tales posesiones o *veilances* (que deriva del inglés *veil* = velo).

Hasta hoy mismo, a menudo me hallo todavía en desacuerdo con mi comunicante invisible, lo que me obliga a solicitar la paciencia de mis oyentes hasta que terminen las discusiones derivadas de aquella discrepancia. Para ser sincera no me importa confesar que casi siempre salgo perdiendo, y por cierto tengo comprobado que, cuando hablo en privado y en público acerca de mis temas, no necesariamente esotéricos, las interrupciones del género descrito sólo se producen cuando acabo de enunciar alguna solemne tontería. El censor acusa los patinazos menores, como si dijéramos, con un meneo de cabeza y un chasqueo de lengua, pero dejándolos pasar; en cambio, cuando la cosa es grave, sus protestas retumban en mi cráneo hasta que no puedo escuchar mi propia voz y me veo obligada a interrumpir el discurso.

No deja de ser algo cómico eso de tener que callar en medio de una pormenorizada explicación porque alguien exclama dentro de mí «¡alto ahí!» o «¡vaya sandez!». Sucede entonces como en los concursos hípicos de salto, cuando el caballo hace un renuncio delante del muro de 1,80 metros: que el jinete queda descabalgado.

Pero volviendo a la anciana señora Von Dietlein: ella fue quien me explicó las relaciones entre Cosmos y Destino, o lo que viene a ser lo mismo, entre molécula y estructura, y me enseñó el I-Ching. Cuando estuvo segura de haberme hecho comprender las nociones básicas del esoterismo, me enseñó a echar las cartas. Mucho más tarde supe que el echar las cartas es como la escuela primaria para aprender a escuchar las informaciones de los espíritus tutelares, ya que se imparte ahí la primera regla fundamental: «Pide y serás atendido».

La primera vez que eché las cartas en presencia de mi maestra me quedé como el paleto que llega por primera vez a la ciudad. ¡Tantas figurillas de colores, cuyo significado conocía yo una por una! Pero no sabía interpretarlas en sus relaciones mutuas. Mira observaba mi desconcierto con sus ojos de mochuelo sabio y finalmente dijo:

–Di exactamente lo que quieres saber y de qué se trata.

Con esta observación acababa de dictar la segunda regla fundamental.

A partir de entonces me atuve a la costumbre de transmitir antes de la consulta –a veces, con antelación de varias horas– la fecha natal del consultante y la hora en que tenía anunciada su presencia. Por lo general recibía la confirmación en seguida, a partir de lo cual podía tener la seguridad de que no me fallaría la colaboración en el momento decisivo.

A esto se sumaba la tercera y más importante regla fundamental: «Escuchar, escuchar, y seguir escuchando». Lo más difícil para una principiante como yo, que aún no sabía lo que debe aprender quien se proponga establecer un contacto oral con su espíritu protector: distinguir, en la conversación mental, entre las voces propias y las ajenas. Nadie que practique la clarividencia (o clariaudiencia) sin dominar esa distinción puede ser tomado en serio.

Empecé, pues, a escuchar la coloración de las voces cuando pensaba cosas como «dónde habré colocado el maldito azucarero», o saltaban de pronto frases como «no, mañana no irás en avión a Hamburgo porque se cancelarán todos los vuelos por culpa de la niebla». En mi esfera privada pronto logré manejar la diferencia, al darme cuenta de que todas las ocurrencias que se presentaban en segunda persona correspondían a una voz ajena.

El espíritu tutelar me interpelaba con cierta frecuencia y así llegué a descubrir otro fenómeno. Conforme aprendía a escuchar, me daba cuenta de que las voces eran distintas, como también los modismos y las expresiones típicas. O dicho de otro modo, ¡que me las tenía con más de un interlocutor! Preguntada al respecto Mira, se mostró muy satisfecha al notar que yo había advertido que «nadie tiene un solo numen titular», como dijo. Para ella, mis preguntas eran la demostración de que mantenía abierto el canal para con mis acompañantes invisibles y nada obstaculizaba una colaboración cada vez más eficaz.

Con gran celeridad fue comunicándome los sinónimos del lenguaje de las cartas, aunque cada vez pres-

16

cindía más de ellas para mis consultas y acabaron por no hacerme ninguna falta. Eran tan sólo un vehículo para una determinada comunicación del camino marcado por el destino, y últimamente me servía de ellas sólo como *excuse* y porque no deseaba andar contando a todo el mundo lo de mis voces interiores. En aquel entonces aún tenía mucho miedo a ser tomada por loca, aun sabiendo que era yo la que tenía razón.

Aunque Mira von Dietlein me transmitió su saber acerca de los espíritus tutelares y la clariaudiencia, en esa época no había alcanzado yo la madurez espiritual suficiente para saber utilizar óptimamente ese don. Apenas tenía sino una vaga noción de las grandes leyes del esoterismo y sus mutuas relaciones; en mi inconsciencia juvenil, sin embargo, me consideraba una persona muy sabia.

Eran los años de mis comienzos como vocalista de grupos y pequeñas orquestas que llevaban el repertorio *pop*. Mi primera formación verdaderamente profesional fueron los Tide-Turners, conjunto formado por cuatro chicos y dos chicas, una de las cuales era yo. Actuábamos en la que entonces era la discoteca más grande de Munich y no tardamos en llegar a ser realmente buenos y muy solicitados, incluso más allá de las fronteras de Alemania. El líder del grupo me conoció cuando yo «rascaba» la guitarra y cantaba en un local del barrio de Schwabing, de donde se apresuró a sacarme. A esa época corresponde también mi primer encuentro con el doctor Michael Kunze, mi futuro productor, y su mujer, Roswitha.

En esa oportunidad se demostró que las comunicaciones con mi espíritu protector aún no funcionaban del todo. Sucedió que los Kunze estuvieron presentes en una de mis veladas de guitarra y voz, y una vez concluido mi brillante recital (cinco canciones populares), el jurista, que tenía entonces veinticinco años, se acercó a preguntarme si quería producir un disco bajo su dirección. Conviene aclarar que el bueno de Michael es, de entre todos mis conocidos, sin duda el único que no tiene ningún vicio, o por lo menos yo no he sabido descubrírselo en el transcurso de dieciocho años de íntima amistad. De ahí que a los veinticinco presentaba el aspecto de un quinceañero, y también la muchacha a quien me presentó como su esposa parecía una niña. Motivos por los cuales no me creí ni media palabra, por lo que respondí:

–No, gracias. No discuto de negocios con menores.

¡Sin que ningún espíritu protector me lo impidiese! Por fortuna, Michael era listo y prudente, paciente y perseverante, así que los espíritus buenos impidieron por vía de Kunze que yo ahogase en germen la que habría de revelarse como la amistad más importante de toda mi vida.

En esa época yo realizaba también muchas grabaciones de estudio para Giorgio Moroder, futuro compositor de Hollywood y ganador de un Oscar, que cierto día me ofreció un contrato fijo, ¡el sueño de todos los cantantes!

Discutí la cuestión con Michael. Tras haber producido varios discos míos sin conseguir lanzarme entre el gran público todavía no teníamos sino un contrato verbal. Haciendo un visible esfuerzo, y hablando en contra de sus propios intereses, me aconsejó que aceptase la oferta y la supuesta oportunidad que aquélla implicaba. Y ya había tomado la estilográfica en la mano para firmar cuando oí una verdadera voz de trueno en mi mente: «¡Por el amor de Dios! ¡No lo hagas!». Y no firmé.

Cuatro años después y siempre producida por Kunze, logré alzarme a los primeros puestos de todos los *Hit-Parade* del mundo. No digo que tal productor fuese mejor o peor que tal otro, pero no habría sido el mejor camino para mí; aunque eso no lo supiera yo entonces, ya que desconocía todo lo relativo a los siete años previstos por la ley. En la época de esa decisión sobre mi contrato, Michael había invertido en mí tres años de su actividad. Nos quedaban sólo cuatro años que resistir juntos; si yo me hubiera desvinculado entonces me habría visto en la imposibilidad de aprovechar la oportunidad única que el destino ofrecía a mi carrera. Con esto no digo que colocase la carrera por encima de todo, aunque en mi caso ésta revestía un doble significado que luego explicaré. De momento me hallaba en un cafetucho musical de Munich, con un bagaje de esperanzas.

Como suele ocurrir, nuestro grupo se deshizo debido a las diferencias entre sus miembros. El ambiente de trabajo era insoportable, así que fui la primera en despedirme. Buscaron una sustituta. Al cabo de varias semanas se presentó una vocalista de Amsterdam con su marido, una rubia algo tímida; ambos permanecieron toda una velada confundidos entre el público para escuchar nuestra actuación. A la una de la madrugada, cuando terminamos, la chica –siento haber olvidado su nombre– se acercó al estrado y dijo:

–Lo siento, pero no me interesa actuar con vosotros. –Y luego, volviéndose hacia mí agregó con una mirada penetrante–: En cambio usted... Me gustaría hablar con usted.

Me senté con la pareja en un rincón tranquilo, sin sospechar que aquélla iba a ser una de las conversaciones más importantes de mi vida.

Empezó de manera bastante anodina. Me preguntaron qué hacía, cómo vivía, si creía en Dios, en la reencarnación, etc. Les dije lo que me pareció bien decir, a lo que la joven se volvió muchas veces hacia su esposo repitiendo:

–¡Es ella! Ya te lo decía yo, ¡es ella!

Por último, no pudiendo contener más mi curiosidad, le pregunté qué significaba aquello.

Lo que voy a contar ahora parecerá una fábula, pero es la verdad de lo que viví entonces. La muchacha me dijo que se había presentado por mí, y no porque le interesara la oferta de empleo. Que durante una *séance* (sesión) espiritista celebrada en Amsterdam habían hablado con Rudolf Steiner y que éste les dijo que atendieran a una oferta que próximamente iba a publicarse en Munich. Y que no aceptasen el empleo, sino que buscasen a una joven pelirroja perteneciente a un conjunto, porque era urgente que esa persona fuese iniciada en el sistema de comunicación.

Yo escuchaba fascinada. No tenía ni la menor idea de quién fuese Rudolf Steiner, ni de las actividades de su grupo, ni de cuál era el sistema de comunicación de que me hablaban. Pero no dejaba de ser impresionante eso de que un residente del más allá fuese capaz de hacer que una pareja de Amsterdam se desplazase a Munich para buscar a una persona desconocida y enseñarle no sé qué sistema. Aquella misma noche me acompañaron al diminuto piso de unos amigos muniqueses, y allí aprendí en una hora qué medios materiales se necesitan para entrar en contacto con el otro mundo. Y que se necesitaban para ello dos personas al menos, siendo aconsejable que un tercero en funciones de taquígrafo anotase lo hablado, muchas veces a gran velocidad.

Así que me vi dotada de una nueva sabiduría y sin saber a quién podría confiarme; sin embargo, yo necesitaba con urgencia a esa segunda persona porque el tiempo y la curiosidad me urgían.

Pocas noches más tarde, me disponía yo a actuar como siempre, ya que aún faltaban dos semanas para mi salida definitiva del grupo. Durante las pausas solíamos acercarnos a la barra, donde los camareros iban a buscar las consumiciones solicitadas por los clientes. El personal del local era mixto y me llamó la atención una de las camareras, joven y que llevaba el cabello muy largo, por la brusquedad con que nos trataba a nosotros los músicos. No descuidaba oportunidad de empujarnos y golpearnos las costillas con la gigantesca bandeja sin pedir paso previamente ni excusarse luego. Hasta aquella noche, en que me tocó a mí ser la víctima. Pero no víctima resignada, así que en vez de hacerme a un lado me mantuve firme como una roca. Mi atacante sufrió tal desconcierto que se le cayó la bandeja. Entre los comentarios típicos de los espectadores, ambas nos agachamos y nos pusimos a recoger el cisco.

Se produjo entonces una escena digna de las comedias de celuloide rancio, y fue que recogíamos cada vez más despacio, hasta que nos detuvimos mirándonos cara a cara. Y por último Sigrun, que así se llamaba la malabarista de la bandeja, me dijo:

–Espérame a la salida.

Sucedía esto el sábado de Pascua de 1973 a medianoche.

Ocho horas más tarde tomábamos un opíparo desayuno dominical a orillas del lago Starnberg, después de una noche en vela llena de experiencias tan intensas y únicas como seguramente no volveríamos a vi-

virlas jamás. Casi en seguida logramos establecer la comunicación con Rudolf Steiner. Por mi parte, había recibido clarísimas instrucciones sobre libros a leer, algunos incluso con mención de editorial y fecha de aparición. Asimismo se me anunció un importante contrato en Stuttgart, a tres meses vista e incluyendo, por cierto, a mi grupo, los Tide-Turners. Y que allí una persona nos enseñaría a cantar con arreglo a los cánones de la escuela antroposófica.

Por la noche me armé de valor y anuncié la novedad a los colegas. Entre carcajadas de burla y expresiones de conmiseración me recordaron que sólo faltaba un mes y medio para la disolución oficial del grupo, motivo por el cual hacía tiempo que no se firmaban nuevos contratos.

Dos noches más tarde se presentó en el local nuestro agente, muy excitado, y dijo haber recibido una superpropuesta ofreciendo un supercaché para trabajar en un superlocal de Stuttgart y que estábamos «pirados» si no aceptábamos tal superoportunidad. Quedamos todos anonadados ante el diluvio de superlativos: yo, porque no creí que lo anunciado fuese a cumplirse tan pronto; los demás, al comprobar la exactitud con que se cumplían mis predicciones.

Un mes y medio más tarde nos encaminamos a Stuttgart, y entonces tuve otra vivencia curiosa. Quise averiguar cómo se las arreglarían «ellos» sin mí, de manera que sólo salía de casa para asistir a los ensayos y para actuar, pero retirándome en seguida. Así pasamos catorce días sin que ocurriese absolutamente nada. El decimoquinto día nuestra segunda vocalista se puso enferma y me pidió que saliera a comprar unas cosas para ella. De manera que eché a andar hacia el barrio de la estación, sabiendo por experiencia que los grandes almacenes suelen localizarse no lejos de ahí en todas las grandes ciudades. Como así era también en Stuttgart. Y me encaminé derecha al departamento de perfumería y cosmética, donde iba a encontrar la mayor parte de los artículos que me habían encargado.

Para que se entienda hasta qué punto era de extrañar lo que sucedió entonces, debo exponer que no soy persona aficionada a trabar conversaciones, ni mucho menos tomar copas con desconocidos.

Pues bien, eso fue precisamente lo que ocurrió.

Ella se apoyaba en la registradora, obviamente confiada a su cuidado, y tenía un aspecto tan llamativo que no pude quitarle los ojos. Era una chica de unos veinte años de edad, muy menuda y más o menos de mi misma estatura.

El rostro, de facciones muy regulares y piel blanquísima, parecía el de una muñeca, con sus enormes ojos negros de ardiente mirada. El cabello negro, cortado a estilo paje y peinado con un tupé teñido de rojo carmesí (¡estábamos en 1973, no se olvide!). Me acerqué, pagué la compra y me sorprendí a mí misma diciendo:

–Te espero a la salida para tomar unos cafés.

Ella aceptó con naturalidad no menos sorprendente que mi propia y desacostumbrada iniciativa.

Todavía no entiendo por qué me abstuve de contarle nada personal durante nuestra conversación en la cafetería; ni siquiera le dije que por aquellas fechas podía escucharme en Stuttgart cualquier noche. Tras media hora de charla nos despedimos como amigas pero sin darnos las señas ni los teléfonos.

Dos días después la vi sentada entre el público, tan asombrada de mi actuación como yo de su inopinada presencia. En esta ocasión charlamos más largamente y ella mencionó que tenía un hermano profesor de canto y que me convenía conocerle.

La primera vez que entré en el humilde estudio de aquel hombre por poco me desmayo (hoy no me parecería nada extraordinario) al hallarlo amueblado solamente con un piano, dos sillas, una mesa y, en la pared, un retrato gigante de Rudolf Steiner. Tal vez fue una ilusión óptica, pero me pareció que la efigie me guiñaba un ojo.

En el decurso de mi trascendental estancia en Stuttgart ensayé con la ayuda de Gabriele, que así se llamaba la del tupé rojo, la comunicación con el otro lado, lo cual conseguimos y me valió para recibir indicaciones claras acerca de una inminente carrera profesional como solista y vocalista de un grupo. Al objetar yo que no podía ser, que una cosa era actuar como solista y que formar parte de un conjunto era algo distinto, se me corrigió diciendo que no, que ya vería yo como todo podía compaginarse, y se me aconsejó que adoptase el seudónimo de Penny McLean.

El mote de Penny me lo había ganado desde hacía años por mi desmesurada afición a dormir;* en cambio lo de McLean era una novedad, por lo que pregunté:

–¿Por qué McLean, precisamente?

Es por los japoneses, me contestaron, que agradecen los nombres sin erre.

En efecto, tres años más tarde el mercado discográfico japonés cobraría una importancia enorme para nosotros. Pero eso no lo sabía yo por aquel tiempo, en Stuttgart, y me hizo muchísima gracia la explicación

* Juego de palabras con el verbo alemán *pennen*, «dormir como un lirón». *(N. del T.)*

24

ofrecida. Hasta entonces había usado muchos nombres artísticos, algunos bastante estrafalarios, pero ninguno halló buena acogida por parte del público ni llegó a gustar en realidad.

Nos disponíamos a lanzar una nueva producción y Michael dijo con aire pensativo:

–Creo que hace falta otro nombre artístico. Penny está bien, pero se necesita algo más.

Y aceptó Penny McLean tan pronto como lo propuse.

Hasta cinco años después no supe el secreto numerológico que encerraba el nombre. La numerología es la ciencia mágica de los números; a cada letra del nombre se le asigna una cifra y la suma reducida permite extraer ciertas conclusiones. Fue en 1978 cuando Michael Kunze me regaló un lujoso ejemplar de la *Numerología*, de Jules Silver, con lo que puso la primera piedra de una notable colección de títulos dedicados a los temas de lo oculto.

Pero allá en Stuttgart y en 1973, yo aún no tenía ni idea de todas esas correspondencias; me gustó el nombre y con eso me bastaba. El sistema me enviaba mensajes, indicaciones, pero yo era demasiado impaciente y quizá demasiado frívola para hacer caso de ellas, como tampoco de las advertencias que, asimismo, se me transmitían.

Todavía logramos algunas sesiones más y aunque Rudolf Steiner no volvió a comparecer, se obtuvieron varias indicaciones útiles, aunque poco significativas en conjunto. De hecho la diferencia de calidad entre las manifestaciones de Steiner y las demás fue palmaria desde el primer momento. Incluso su manera de saludar era muy significativa; Steiner economizaba la energía disponible, evitaba toda palabrería inútil y sus comunicaciones se caracterizaban por un especial laconismo, cuyos rasgos esenciales volví a encontrar luego durante la lectura de sus libros.

Por razones personales prefiero no divulgar los protocolos de aquellas conversaciones; pero sí reproduciré una de las comunicaciones que mejor podría calificarse de lección y reviste interés general.

Desde el comienzo de nuestros diálogos, que fueron unos siete en total, el doctor Steiner me reveló mi pertenencia a un grupo integrado por 318 miembros, del cual él era genio tutelar. De esos 318 individuos actualmente se hallaban encarnados en la Tierra unos 112 y pocos de éstos se conocían entre sí como miembros conscientes del grupo. Pero estábamos unidos, en principio, por una misión común que abarcaba muchos aspectos. La minoría conocedora de la situación tenía el deber de reunir al grupo, ya que se anunciaban tiempos difíciles y nuestra única escapatoria consistía en preservar la unidad. Al preguntar yo que cuándo comenzarían los tiempos difíciles que se anunciaban, se me respondió que «pronto» y eso me dio una primera idea de que nuestras nociones acostumbradas acerca del tiempo han dejado de significar nada para los habitantes del más allá. Entonces pregunté si existían otros grupos, a lo que el doctor Steiner contestó afirmativamente, y que toda la humanidad estaba dividida en grupos, cuyas actitudes eran de hermandad o de enemistad los unos respecto de los otros según lo que hubiese determinado su destino para cada uno de ellos.

También estimo importante su manifestación de que la denominación de «grupos» era, en realidad, muy impropia para designarnos, pero que la utilizaba a falta de otra mejor en nuestro idioma. Le pregunté si los del otro lado también hablaban entre ellos y res-

26

pondió que sí, sólo que no como nosotros, los del mundo físico, sino mediante impulsos de energía. Hice otras muchas preguntas; las respuestas a veces me parecieron ambiguas o incomprensibles, y otras veces demasiado sencillas. A pesar de todo, aprendí muchísimo durante aquella iniciación.

Al doctor Steiner no le interesaban para nada los asuntos de la esfera privada. En sus diálogos conmigo, excepto la mención inicial de nombre y profesión, nunca trató de otra cosa sino del progreso espiritual, y sobre todo... del deber. Esta palabra apareció reiterada una y cien veces.

–Serás enviada por todo el mundo –dijo en cierta ocasión–. Aunque no para diversión tuya. Disfrútalo, míralo todo, aprende a gozar de la belleza, pero no olvides nunca tu deber.

–¿En qué consiste mi deber? –pregunté.

–Debes formarte, adquirir madurez, y contribuir a la unión del grupo –respondió, y dicho esto pasaron meses antes de que se presentase una nueva comunicación.

Las comunicaciones que tuve por esta vía con otros espíritus tutelares me parecían, en comparación, poco interesantes, aunque agradecí las informaciones recibidas. Con independencia de todos estos hechos, mis facultades de clariaudiencia se agudizaban cada vez más.

Visité de nuevo a mi anciana maestra Mira.

–Ten cuidado –dijo con temblorosa voz de enferma–. Tu canal está abierto a todo. Debes tomar tus precauciones.

–¿Contra quién? –pregunté.

–Tienes un protector poderoso –respondió Mira–, y te defiende frente a muchas cosas. Pero no seguirás contando con él mucho tiempo más.

Luego me puso en la mano su valiosa baraja antigua.

–Toma, niña. Continúa tú.

Dos semanas después había fallecido.

En el verano de 1974 me tocó actuar en Yugoslavia. Cantaba en la discoteca de un gran complejo turístico de Poreç, pero no me sentía a mis anchas. El país no me gustaba; fui atracada en dos ocasiones durante el regreso a mi alojamiento, aunque por algún prodigio conseguí defenderme frente a hombres físicamente mucho más fuertes que yo. Además a los músicos nos lo robaban todo de las habitaciones; el dinero, las ropas, las joyas y demás efectos personales desaparecían por siempre jamás.

En mi calidad de tesorera del grupo cobré una noche los honorarios de la semana, míos y de mis cinco colegas, unos mil ochocientos marcos, y los guardé en mi bolso junto con el costoso micrófono que usaba personalmente y siempre llevaba conmigo. Dejé el bolso de cuero sobre un taburete del club y me volví de espaldas durante cinco segundos para pedir un refresco. Cinco segundos eran demasiados segundos de distracción; cuando me di la vuelta el bolso había desaparecido. Me puse a gritar y alboroté todo el local. En aquellos momentos proclamé a voz en cuello lo que opinaba del país y de sus habitantes, sin importarme las consecuencias. No por eso apareció el bolso, naturalmente. Yo estaba desesperada. No podía actuar sin el micrófono, y no se encontraría nada comparable en toda la región balcánica. Mil ochocientos marcos eran entonces una suma gigantesca para nosotros. Y por último, ¿cómo iba a conseguir un nuevo pasaporte?

Estaba tan atolondrada que olvidé mis propias «posibilidades».

Horas después, en mi habitación, se me despejó el cerebro y ensayé una comunicación inmediata con mi gente.

Una de las voces familiares hizo acto de presencia.

–No te preocupes –oí que decía–. Te ayudaremos.

–¿Puedo hacer algo? –pregunté.

–Sí, concéntrate y procura visualizar el bolso con toda la frecuencia que puedas –dijo la voz.

Abreviando, la noche siguiente y momentos antes de nuestra actuación se presentó el dueño del club en su Mercedes y me acompañó a comisaría. Allí, sobre un escritorio, estaba el bolso con su contenido e incluso el equivalente de doscientos marcos más. Habían dejado una carta: «Ruego me perdone por la sustracción del bolso. Es de usted y no he podido quedármelo».

–¿Cómo lo has conseguido? –insistía el propietario del club durante el recorrido de regreso–. ¡Anda, dímelo! ¿Cómo te las has arreglado?

Se lo conté y él se quedó mirándome como si hubiese visto un fantasma.

–¡Eres una bruja! –comentó al fin, y no respiró tranquilo hasta que me hube apeado del coche.

Varias noches después ocurrió otro incidente extraño. Teníamos programada una actuación al aire libre, sobre un escenario descubierto. El cielo estaba encapotado y amenazaba lluvia, y soplaba un viento tan fuerte que derribó uno de nuestros grupos de altavoces. Cuando pasó por allí el propietario del club lo interpelé:

–Va a llover; ¡será mejor cancelar el concierto!

Él frunció las cejas y contestó:

–Yo conozco mejor que tú el tiempo que hace aquí, y te digo que no lloverá. Así que vosotros a tocar, como dice el contrato, ¡y nada de desmontar el escenario mientras no llueva!

Oí una carcajada sorda en mi mente.

–Dile que harás llover –propuso la voz interior.

–No me atrevo –contesté mentalmente.

–Anda, ¡atrévete! –susurraron.

–Está bien –dije en voz alta–. Si es necesario que caiga agua para que nos autorice a cancelar el concierto, ¡haré llover ahora mismo!

–¡Bah! ¡Qué tontería! –replicó el otro–. ¿Qué quieres apostar a que no llueve esta noche?

–A la una –dijo la voz mental.

–A la una –obedecí yo, y alcé ambas manos hacia el cielo en un gesto teatral.

–¡Eh! Acérquense a ver la hechicera de la tribu –se mofó el propietario.

Mis músicos callaban como ratones asustados.

–A las dos –levanté la cara al cielo.

¡Plas!, se oyó a mi derecha, al tiempo que un goterón se evaporaba sobre el asfalto caliente, y en seguida otro ¡plas!

–A las tres –dije, y todos mis compañeros me hicieron coro.

Como si alguien hubiese abierto el grifo de una manguera, empezó entonces un diluvio como pocas veces lo había visto yo.

Desmontamos nuestros equipos a toda prisa y, calados hasta los huesos, fuimos a calentarnos ante la chimenea del hotel.

El jefe estaba delante del fuego y me miró con los ojos hechos un par de rendijas.

–¡Ya lo decía yo que eras una bruja!

–Pues ahora ya lo sabe –aproveché la oportunidad–. Y que lo sepan todos. ¡Si alguien vuelve a molestarnos, no sé si podré contenerme!

A partir de ese día no sucedió nada más. No nos robaron más prendas, ni volvieron a intentar atracarnos, y cobrábamos todos los sábados con puntualidad. Sólo que... la gente procuraba evitarme. Algunos se persignaban y cambiaban de acera para no tropezarse conmigo.

Confieso que me sentí un poco vanidosa de esta hazaña, hasta la siguiente comunicación con mi genio tutelar.

–Estuviste magnífico –lo alabé.

–No he sido yo –me contestó–. Iba a llover de todos modos, conque me pareció que la situación era favorable y que debías aprovecharla.

Como es natural, en este libro voy a contar exclusivamente aquellos acontecimientos que se desarrollaron en presencia de testigos neutrales.

Sobrevino entonces un año relativamente improductivo, durante el cual fundé un conjunto propio que hizo honor a su nombre de Penny Box. Eran una hucha, en efecto, pero una hucha sin fondo. Transcurrido el año recalé en mi domicilio de Munich con un capital de 243 marcos y un novio vienés.

Éste quiso regresar a Viena el mismo día, y que yo le acompañase. Cuando volvió a hacer la maleta se empeñó en llevarse un par de zapatillas viejas y deshilachadas. Y entonces volvió a ocurrirme lo que suele anunciar para mí una situación trascendental en mi vida: que me comporté de una manera atípica. Normalmente yo misma soy aficionada a conservar las zapatillas viejas, para horror de cuantos me conocen, hasta la destrucción total. Pero aquel día, en aquel momento, el espectáculo de aquellas inofensivas zapatillas me produjo una repugnancia incontenible, combinada con la más intensa agresividad contra el propietario de aquéllas. Montando en una cólera que aún hoy me parece incomprensible y extraña en mí, le grité al pobre vienés que, o arrojaba al cubo de la basura aquellos pingajos malolientes, o podía volverse solo a Viena.

Sin duda os preguntaréis qué significa esa historia de zapatillas en un libro dedicado a los espíritus protectores. ¡Paciencia! En seguida me explico. Lógicamente mi amigo vienés se consideró ofendido por el tono de mis palabras, cerró la maleta con las zapatillas dentro y salió de mi casa con la frente muy alta, no sin algunas expresiones de las que se usaban típicamente en su país para expresar la repulsa que merecen las mujeres arbitrarias o mandonas.

Apenas hubo salido me arrepentí de mi conducta. Me gustaba Viena y el vienés también me gustaba bastante. Debatí conmigo misma. Absoluto silencio por parte de mi espíritu protector. En medio de esta desolación sonó el teléfono. Era Kunze, mi productor.

–¡Menos mal que te encuentro! Corre a los estudios, hay que grabar.

–¿Ahora mismo?

–¡Ahora mismo!

–¡Okey! –colgué. La puerta se abrió un palmo y asomó el vienés, con las zapatillas de marras colgando de una mano, y diciendo algo por el estilo de «te quiero más a ti que a las zapatillas».

Demasiado tardío el arrepentimiento. La despedida fue lacrimosa.

Esas zapatillas deberían reproducirlas en oro, guardarlas en una urna, venerarlas como una reliquia. Porque la canción que grabé esa tarde fue *Lady Bump*, y apenas hube terminado Kunze echó los brazos al aire (lo que nunca más se ha repetido) y exclamó, lo que en su caso significa que habló en un murmullo algo más vivo:

–Hoy has nacido para el estrellato, Penny. Este número dará el golpe.

–¡No me digas! –contesté.

Las predicciones se habían cumplido una tras otra: Solista..., vocalista de un grupo..., número uno... en Alemania, en América, en España, en Japón, Canadá, en los países escandinavos..., sueño..., realidad. Los acontecimientos se atropellaban... o me atropellaban, como queráis. Todo fue demasiado rápido.

En el verano de 1976, había transcurrido mucho tiempo, logré una última comunicación con Steiner.

–Pórtate bien; hasta la vista.

–¿Adónde va, doctor?

–Vuelvo a nacer.

–¿Dónde?

–En Francia.

–¿Cuándo?

–No tardará.

–¿Quién me protegerá ahora?

–Los de siempre.

–Pero ¿quién será mi nuevo tutor?

A esto no obtuve respuesta.

–Adiós.

Sentí miedo.

–No temas nada; estás protegida.

–¡No quiero a ningún otro!

–Volveremos a encontrarnos.

33

–¿Cuándo?

–Pronto.

Me eché a llorar.

–¡Ya sé lo que eso significa!

–Nunca te pasará nada, mientras sepas distinguir los signos, mientras interpretes bien las correspondencias. ¡Hasta pronto!

Seis semanas después, en una pequeña ciudad. Firma de autógrafos. Por poco me ahogo en aquella aglomeración.

Un desconocido se acerca a mí, me habla al oído:

–Steiner renacerá. Es mi mensaje para ti.

Intento retenerle en medio de la muchedumbre. Imposible.

–¿De parte de quién...? –grito, y apenas alcanzo a escuchar la contestación del que se aleja:

–De Steiner.

El gentío nos separa definitivamente.

–¿Cuándo habló con él? –grito como una becerra herida.

El hombre levanta las dos manos, sacando seis dedos mientras los labios silabean la palabra «semanas». Seis semanas, tal vez el mismo día que yo hablé con él.

Firmo una infinidad de dedicatorias.

En la primavera de 1977 el conjunto Silver Convention, del que formo parte, emprende viaje a México para actuar en Acapulco. Es mi primera visita a México. Nos abatimos en los asientos del avión las tres chicas y Silvester Levay, nuestro compositor. El éxito fatiga. Llegados a Acapulco, nos recoge un Cadillac. Caemos agotados en la banqueta posterior, y escucho una voz clarísima en mi cabeza:

–Disfrútalo, que acabará pronto.

Miro a Silvester y le digo:

–Disfrútalo, que acabará pronto.

Él me mira, atónito, sin entender nada.

Poco después abandono el grupo. Se anuncian tiempos difíciles.

Hoy puedo decir: ¡Menos mal que entonces no sabía hasta qué punto iban a ser difíciles! Y eso que se me habían predicho muchas cosas, pero ya se sabe, la esperanza... La mayoría de esas cosas no quise creerlas, y sin embargo todo sucedió tal como estaba anunciado.

A veces, el proceso del aprendizaje chocaba con mi incomprensión más absoluta. Pese a todo, se instauró una maduración progresiva, aunque bajo condiciones verdaderamente marciales. Al contemplarlas hoy de manera retrospectiva creo que no ocurrió nada que no fuese deliberado.

Durante esos años difíciles también escasearon los contactos con mis gentes del otro lado. Ahora sé que ciertos estados de ánimo como la angustia existencial, el miedo en general, los celos, el rencor y sobre todo el afán de resistir a cualquier precio perjudican o incluso ahogan por completo las vibraciones. En esa época precisamente, sin embargo, ocurrieron algunas incidencias increíbles que demuestran lo poderosa que puede llegar a ser la intervención del más allá cuando necesitamos de veras ayuda y protección.

Durante un vuelo de Berlín a Munich me tocó casualmente (es decir, por predestinación) un asiento delante del que ocupaba el actor y realizador Maximilian Schell. Hacía tiempo que no nos veíamos, y celebramos la coincidencia. En el decurso del viaje me

35

contó el súbito fallecimiento del marido de su hermana Immy, el también actor Walter Kohut, y que había pasado con ella varios días en una clínica a orillas del Chiemsee, ya que la viuda cayó en una profunda melancolía. En el aeropuerto de Munich nos despedimos con un «Hasta la vista».

En seguida olvidé aquella conversación, ya que no conocía para nada a la tal hermana Immy, ni soy aficionada a dar el pésame ni a consolar viudas.

Pocos días más tarde recibí la visita de una amiga que estaba algo dolida conmigo porque «siempre has ayudado a los demás y no a mí, que soy tu amiga». Para terminar de una vez con ese reproche, montamos una sesión que resultó ser una de las más espectaculares de mi vida.

Después de los habituales rumoreos y muestras de agitación se estableció el diálogo siguiente:

–Habla Walter Kohut.

–¿Quién es usted? Yo no le he llamado.

–Soy el esposo de Immy Schell y debe usted acudir en seguida al lado de ella.

–¿Por qué?

–Está en peligro de muerte.

–¿Y qué tengo yo que ver con eso?

–Debe ir allá y persuadirla de que no atente contra su propia vida.

Aunque comprendía la gravedad del asunto, no pude contener una carcajada.

–¿Cómo ha de ser eso? ¿No creerá que puedo presentarme a una persona para mí desconocida y decirle «siento mucho que haya fallecido su esposo, y acabo de hablar con él»?

–Sí puede.

Me puse nerviosa. Nunca en la vida me había pasado nada semejante. Era la primera vez que hablaba con un recién fallecido y que me veía en el papel de mensajera o intermediaria. Pese a ello, opté por obedecer.

Visité la clínica y me encontré con una mujer abrumada por el dolor y, en apariencia, ajena a cuanto la rodeaba. Cuando entré en la habitación donde la tenían alojada, apenas levantó la cabeza para ver quién era, y todos sus movimientos parecían desarrollarse a cámara lenta.

Haciendo acopio de todo mi valor, le dije:

—Sé que le parecerá increíble, pero ayer hablé con su esposo.

Sin acusar apenas ninguna reacción, ella replicó en tono monocorde:

—Mi esposo ha muerto. Nadie puede hablar con él ya.

Entonces opté por un ataque frontal.

—Está muy preocupado por la intención de usted de quitarse la vida.

Por primera vez aquella mujer levantó la cabeza para mirarme, y pude ver su cara.

Sé que muchas de las cosas que cuento aquí parecerán inverosímiles, y sin embargo son realidades vividas. En ese caso la realidad se me presentó con intensidad y lucidez tales que todavía hoy la recuerdo minuto a minuto como si hubiese ocurrido ayer mismo.

Así pues, cuando vi por primera vez aquel semblante, con los ojos velados por la tristeza y la boca entreabierta de fatiga, se hizo una luz en mi cerebro. Yo conocía ese rostro y me era tan familiar como el mío propio. ¡Ah! Tú fuiste en tiempos, olvidados por mí largo tiempo ha, una hermana mía, o tal vez mi esposa... Decidí lanzarme a la lucha con todos mis recursos.

–Es preciso que recobre usted la voluntad de vivir –dije con mucho énfasis.

A lo que ella replicó demostrando que toda su energía y su resolución se concentraban en un único pensamiento:

–¡No quiero seguir viviendo!

Y empezó a sollozar con desconsuelo. Jamás había visto yo hasta entonces una aflicción tan grande.

Alargué la mano con intención de consolarla, pero una voz interior me contuvo con un imperativo «¡no lo hagas!»

Al cabo de unos minutos Immy se rehízo, y poniéndose en pie con dificultad fue a buscar unos pañuelos.

–¿Quién me asegura a mí que no es mi hermano quien la envía y la ha puesto en antecedentes? –murmuró al fin en tono de desconfianza.

–Ni me ha enviado, ni me ha puesto en antecedentes –lo negué todo–. Todo cuanto sé me lo dijo su esposo de usted.

Y le conté la conversación con todo detalle.

–¿Podría comunicarse ahora mismo con mi esposo? –me interrumpió de súbito.

A lo que asentí. Ella apretó los puños y continuó:

–¿Cuál era el objeto predilecto de mi esposo en nuestro domicilio de Viena?

–Un cuadro –dije–. Una pintura.

Ella me miró con los ojos muy abiertos, como si acabase de ver un fantasma, y susurró:

–Eso no podía usted saberlo.

–No lo sabía –le di la razón–. Su marido acaba de revelármelo.

En ese preciso instante comprendí que debía andarme con cuidado si no quería pasar el resto de mi vida haciendo de teléfono más o menos eficaz con el más allá. En cualquier caso había logrado romper el hielo y pude explicarle un poco el verdadero significado de lo que corrientemente llamamos la muerte. La visita se prolongó todavía una hora, hasta que me pareció que mi interlocutora estaba fatigada y necesitaba descansar.

Algunas fechas más tarde sonó el teléfono a medianoche y allí comenzó un rigodón que iba a prolongarse así en los buenos como en los malos tiempos y que no conocería final.

–Penny –reconocí la voz algo ronca de Immy–. Se me ocurre que tal vez sabía usted lo del cuadro, o quizá lo adivinó por telepatía.

–De acuerdo –recogí el guante–. ¿Qué quiere usted saber?

Escuché el chasquido de un encendedor y la inspiración profunda de la primera calada a un cigarrillo.

–¿Qué solía decirme mi marido todas las veces que viajábamos a Viena?

Presté oídos a la voz interior, pero no hubo nada.

–Llamaré dentro de media hora –anuncié antes de colgar.

Apenas hube cortado la comunicación oí dos voces; una de ellas hablaba en el inconfundible dialecto vienés de Walter Kohut, y la otra era la del comunicante que me había advertido que me abstuviese de consolar a la viuda. La discusión se desarrolló en los términos siguientes, más o menos:

W. K.: «Si ahora le contesta a Immy lo que ella quiere oír, volverá a objetar que ha sido por telepatía».

El otro: «Hay que pensar en algo que no se le haya ocurrido y que sirva para persuadirla».

W. K.: «Espera un momento. No es fácil».

El otro: «Simplifiquemos. Hay que reducirlo a una sola frase».

W. K.: «Sí, es una buena idea. Que diga "el avión"».

El otro: «No, es mejor "nos volvemos volando"».

Hubo una breve pausa.

W. K.: «Sí, tiene razón. Llama y di "nos volvemos volando"».

Marqué el número de Immy, que descolgó a la primera señal.

–Nos volvemos volando –dije.

Oí el fuerte ruido del auricular cayendo al suelo; pasaron varios segundos y luego escuché un jadeo y la voz de Immy que articulaba con dificultad:

–Tú ganas. Has acertado.

La sospecha de la telepatía quedaba excluida, porque la mente de Immy se había concentrado sobre las palabras «odio estos viajes en automóvil; a la vuelta irás tú sola», ya que éstas eran en realidad las que ella esperaba escuchar de mí. Pero Walter Kohut fue más astuto: con «nos volvemos volando» resumía el tema de la discusión y la comunicación quedaba corroborada por encima de toda sospecha.

A partir de entonces Immy colaboró sin reservas. Muchas veces el trabajo común fue un verdadero combate, pero también hubo grandes satisfacciones. Y cuando la situación se invirtió y cayeron sobre mí las horas negras, fue ella quien se obstinó en seguir luchando y en alejarme de la zona de peligro, como antes había hecho yo por ella. Pero no se crea que nuestras vivencias comunes giraron exclusivamente alrededor de cosas tristes y dolorosas. Una vez salimos de excursión con dos coches para visitar a unos amigos; Immy iba delante y yo la seguía. De pronto, en medio del túnel que pasa por debajo del puente Leuchtenberg de Munich, el BMW de Immy se caló y se negó a seguir funcionando. Estacioné detrás de ella y me acerqué a la ventanilla. Immy, sentada al volante y muy mohína, trataba de arrancar el coche, accionaba la llave, manipulaba el cambio de marchas, pero... ¡nada!

Para que se comprenda lo que voy a contar ahora, debo hacer constar que soy totalmente negada para la técnica. Ni idea, vamos. En cuestión de automóviles sólo he aprendido a medir el nivel de aceite. Aunque no sería la primera vez que me he visto obligada a pedir un lavado del motor por no haber enroscado luego el tapón.

Mientras estaba contemplando a la pobre Immy oí súbitamente la conocida voz que me decía:

–Abre el capó.

–Anda, Immita –le rogué cariñosamente–. Abre el capó.

Immy alzó los ojos al cielo y lanzó un profundo suspiro, como si mis palabras le hubiesen dolido en el alma, y luego, mirándome con severidad, silabeó:

–Mira, Penny, tú serás muy buena cantante y tal vez una escritora pasable, pero no me vengas con que también entiendes de la mecánica del automóvil.

–Tú no te preocupes y abre el capó –insistí.

Furiosa, Immy tiró de la palanca y luego se quedó mirando al frente, sin hacer más caso de mí, contemplando la caravana que desfilaba junto a nosotras.

Levanté la tapa del compartimiento del motor y de improviso, me sentí como si me hubieran cambiado el cerebro. Reconocí todos los contactos, localicé la batería, distinguí los circuitos del aceite. Entendía todas las funciones. Por último comprobé el alternador y, en cuestión de segundos, descubrí el fallo cometido en el taller donde aquella misma tarde habían cambiado un intermitente. Invertí conexiones y volví a colocar la lamparita del intermitente sin detenerme siquiera a pensar lo que estaba haciendo.

–¡Todo resuelto! –dije, o dijo la entidad que me poseía en aquel momento–. Arranca el motor como siempre haces.

El coche funcionó como la seda. Immy permaneció boquiabierta durante el resto del día.

La familia Schell ha quedado convencida de que, además de mis talentos ya conocidos y más o menos discutibles, soy una indiscutible maga de la mecánica. No seré yo quien lo desmienta. Nadie crea, sin embargo, que el milagro se repite cuando es mi «cuatro latas» el que se niega a funcionar; en esas ocasiones no he hallado otro remedio sino invocar a los «ángeles amarillos» de la asistencia en carretera (je, je).

En ocasiones no consigo librarme de la impresión de que se nos exige una demostración de vez en cuando, o quizá los del otro lado quieren distraerse haciendo tal o cual cosa.

Una anécdota semejante a la anterior, aunque sólo a segunda vista, fue la que ocurrió con mi amiga Verena, que es médica pediatra. Fue al término de una larga y fatigosa jornada de consulta, un viernes por la noche. Eran las ocho y decidimos salir a tomar un tentempié. Nos pusimos los impermeables, porque llovía a cántaros, y Verena se puso a rebuscar en su gigantesco bolso-maletín profesional tratando de pescar el llavero donde reunía las llaves del coche, las de la vivienda y las del consultorio. Es una mujer muy organizada y capaz de encontrar cualquier cosa que le pertenezca incluso en plena oscuridad.

Pero no sucedió así aquella noche. De su garganta ceñida por un bonito pañuelo empezó a brotar un gruñido de creciente malhumor, y un intenso rumoreo como de excavaciones arqueológicas me dio a entender que se había lanzado a una febril operación de búsqueda, perdida la confianza en su propia organización. Volcó el bolso, vació todos los compartimientos, abrió y cerró con precisión quirúrgica todas las cremalleras, presillas y similares, pero... ¡nada! Verena estaba cada vez más furiosa, ¡era lo único que le faltaba, después de una jornada de trabajo de diez horas! Yo aguardaba a su lado, sin decir nada y con los ojos muy abiertos, lo que no contribuyó precisamente a mejorar su estado de ánimo.

Me miró con impaciencia.

–¡Ahora nos vendría bien alguno de tus famosos espíritus protectores! –exclamó al tiempo que levantaba el bolso en el aire y lo sacudía como a un perrito que acaba de hacerse pipí en la alfombra–. ¿Por qué no les preguntas dónde están mis llaves?

Quedé estupefacta. Era verdad que mi espíritu tutelar, el encargado de los pequeños asuntos cotidianos, solía ayudarme en las búsquedas de ese género, pero bien mirado no lo hacía nunca cuando el asunto incumbía a otra persona.

Verena interpretó correctamente mi perplejidad.

–¡Para una vez que habrían servido de algo! –dijo con resignación, y se ató un pañuelo a la cabeza para defenderse de la lluvia mientras se encaminaba hacia el coche, donde esperaba encontrar las llaves.

Yo me quedé a solas en el consultorio, contemplando el abultado bolso.

–Buenas noches –dijo una voz amistosa en mi cerebro–. Busca en la carterilla exterior izquierda, al fondo.

Me acerqué y metí la mano derecha en el compartimiento exterior izquierdo, aunque había sido registrado ya. Nada.

–Ahí no hay nada –dije, sintiendo a mi vez una creciente irritación.

–Sí, sí –reiteró la voz sin inmutarse–. ¡Al fondo! Busca bien y buenas noches.

Obvio es decir que el compartimiento exterior del bolso no tenía fondo, sino que se prolongaba hacia el otro lado, y que naturalmente las llaves habían caído hasta la parte más baja.

Verena regresó sacudiéndose del chaparrón y meneando la cabeza. Cuando hice resonar el llavero en mi mano me contempló con incredulidad.

–Pero dime, ¿dónde las has...?

Se lo expliqué.

A partir de entonces mis espíritus tutelares siempre fueron bien recibidos en aquel consultorio, para satisfacción y provecho de todos. Muchas de las cosas que ocurrieron allí no pueden contarse, ya que ello sería contrario a la deontología médica y cuando me despedí de la consulta prometí no darles publicidad jamás. Y es lástima, porque valdría la pena que se conociesen.

Mucho antes de mis encuentros con Immy y con Verena, uno de mis espíritus tutelares me anunció que iba a tener un hijo. Era lo que más deseaba en el mundo. Se planteaba, sin embargo, un problema del que fui consciente desde el primer momento, incluso desde antes de conocer al padre de la criatura: que, a fin de cuentas, volvería a quedarme sola, y además necesitaba seguir trabajando. Por tanto, me hacía falta una persona que me ayudase.

Abordé el tema en una larga conversación con «mi gente».

–No te preocupes –me contestaron–. Te enviaremos ayuda.

La niña vino y durante los primeros seis meses me quitó hasta el último átomo de las escasas fuerzas que me habían quedado después de un parto auténticamente horrible. Nunca pude dormir más de tres o cuatro horas seguidas, y por último sufrí un colapso. No sólo porque se hubiesen agotado mis recursos físicos, sino debido además a la decepción causada por el incumplimiento de las predicciones. Quedaba rota mi confianza en la tutela de que había disfrutado hasta entonces.

Nos llevaron a una clínica y me repuse un poco, aunque de todos modos la criatura seguía pidiendo alimento dos veces por noche, una de ellas a las tres de la madrugada. En consecuencia, yo despertaba hacia las dos y media para quedarme acechando los primeros síntomas de hambre de mi hija. Una noche desperté a las dos y como no quería dormirme, decidí pasar la hora restante tomando un té en la cantina de las enfermeras.

En la desangelada estancia encontré a una enfermera de edad madura que estaba leyendo el periódico y que alzó la mirada con sorpresa. Me pareció que no eran demasiado bien recibidas allí las pacientes trasnochadoras, así que le expliqué la situación y me tomé la taza de té sin molestarme por la escasa amabilidad. Al poco rato oí el gorjeo de mi pequeña, tomé el biberón y cuando tenía ya el picaporte en la mano, oí que la enfermera de noche decía:

—Llámeme si alguna vez necesita ayuda.

—Sí, gracias —dije por educación, aunque pensando al mismo tiempo «a ésa, jamás en la vida».

Algunas semanas después se me presentó un compromiso urgente sin que pudiese acudir a nadie para que cuidase de la pequeña durante un par de horas. «En el apuro...», pensé mientras llamaba a la clínica. La enfermera se presentó con toda puntualidad y me censuró la gordura de la niña, mi propia falta de sueño, la falta de riego de las plantas, la falta de limpieza de los cristales y la falta de comida en el frigorífico. Y se quedó en mi casa, se convirtió en mi segunda madre, se hizo querer tanto por la niña que casi me hallé relegada a un segundo plano, y me ayudó a superar una gravísima temporada de crisis, llantos y crujir de dientes. Cuando hube cobrado suficiente confianza le conté que había presentido su aparición, que había deseado infinito poder contar con alguien que me ayudase; por último intimamos tanto que me atreví a hablarle del Sistema.

En los cuatro años que duró nuestra relación, o tal vez sería mejor decir nuestro reencuentro, logramos seis comunicaciones de las que conservo la transcripción completa. En estas conversaciones intervinieron también los espíritus tutelares *de ella*, y lo más curioso es que conduje los diálogos en checo pese a que normalmente apenas sé contar hasta tres en ese idioma.

Por razones que afectan al derecho a la intimidad de varias personas de entre mi círculo de amistades decidí abstenerme de dar publicidad a esos protocolos. Puedo contar aquí, no obstante, algunos detalles.

Cierto día, uno de nuestros interlocutores citó por

primera vez su propio nombre. Dijo llamarse Lucas y que había sido el médico de cabecera de un monarca, lo cual corroboró aduciendo datos exactos y varios detalles históricos desconocidos para nosotras. Cuando terminó la sesión fuimos a consultar una antiquísima enciclopedia Brockhaus de mi propiedad para consultar el artículo correspondiente al potentado en cuestión, y allí leímos lo que nos había dicho el tal Lucas, confirmado en todos sus extremos. Mi «madre adoptiva» quedó perpleja. Pese a haber visto verificadas muchas veces las predicciones, en cierto modo no había depuesto hasta entonces cierto grado de incredulidad, pero aquella demostración disipaba todas las dudas. A mí no me impresionó tanto, porque había vivido una experiencia similar con Rudolf Steiner. A partir de entonces el pobre Lucas se vio obligado a dialogar con toda la familia, lo cual soportó con ecuanimidad y buen humor.

Un ejemplo: mi madre llamó desde Austria quejándose de que no lograba encontrar cierto objeto, que había perdido varios días buscándolo y estaba desesperada.

Le dije que yo nunca tenía dificultades en recuperar ningún objeto.

–Cuando echo algo en falta –le expliqué–, lo pongo en conocimiento de mi espíritu protector, y no pasan cinco minutos sin que reciba una indicación.

Mi madre me escuchaba fascinada.

–¿Crees que podrías prestármelo un rato? –preguntó medio en serio medio en broma.

–Cómo no –le aseguré–. Cuéntale lo que buscas y ruégale una rápida información.

A los cinco minutos exactos llamó rebosante de satisfacción.

–No lo creerás –dijo, algo sobrecogida todavía–. Le he contado a Lucas lo que buscaba, y qué lo necesitaba con urgencia, y de pronto...

Hizo una pausa y prosiguió:

–De pronto me sentí atraída hacia un cajón de la cómoda, donde había rebuscado ya infinidad de veces, y me hallé con el objeto en la mano.

Desde entonces Lucas también anda muy solicitado en Austria, aunque conviene aclarar que no fue «mi» Lucas quien se ocupó de los objetos perdidos por mi madre, sino que ésta aprendió en tal ocasión cómo comunicar con sus propios espíritus tutelares para resolver sus pequeñas cuitas cotidianas. Y aunque seguramente no se llaman Lucas, por lo visto no les importó que los invocase bajo ese nombre.

Menudeaban cada vez más en mi mente, y también a través del Sistema, las indicaciones de que pronto escribiría mi primer libro. También esto fue acogido con gran hilaridad, ya que todos conocían mi proverbial pereza para escribir. Si una simple felicitación de aniversario era ya un suplicio para mí, ¡cómo iba a escribir un libro entero! Desde luego no tenía ninguna prisa por acometer la tarea.

Voy a contar ahora la única anécdota sin testigos; aunque estuvo presente mi hija, cuando ocurrió sólo contaba un año y medio, de manera que nunca sabré si ella vio lo mismo que yo.

Fue a finales de octubre de 1985, la tarde de un miércoles nublado y frío. Mi pequeña María y yo éramos las únicas visitantes en el espacioso parque del palacio de Oberschleißheim. La avenida flanqueada de arbustos que recorríamos tendría varios centenares de metros pero era tan rectilínea que se abarcaba perfectamente desde el principio hasta el final. María caminaba con torpeza y además se entretenía en contemplarlo todo y en examinar cada piedra, cada hojita y cada escarabajo. Yo me volvía con impaciencia, llamándola reiteradamente, sin que ella me hiciera caso, y una de tantas veces, al darme la vuelta, me tropecé de súbito con dos personas, hombre y mujer, que parecían matrimonio.

Hay que mencionar que yo llevaba gorra, y además unas gafas ahumadas como siempre que salgo al aire libre, y me tapaba la boca con una bufanda.

La pareja, que venía paseando, se detuvo delante de mí sonriéndome cordialmente. La mujer alargó la mano, señaló a María, que estaba cinco metros más allá jugando con unas ramas, y dijo:

–No es nada fácil eso de educar a los niños, ¿verdad?

–No –respondí cortésmente–. Aunque tampoco esperaba otra cosa.

Ella me miró con expresión de afecto y continuó tranquilamente:

–Usted es Penny McLean, ¿no es cierto?

Lo había dicho en tono de pregunta, pero como si no lo dudase en absoluto.

Mi sorpresa fue total. Iba tan disfrazada que ni mi propia madre habría sido capaz de reconocerme.

–Me sorprende que me conozca –logré articular al fin–. Creo que no pertenecen ustedes a la generación de mis *fans*.

La mujer siguió contemplando mi semblante oculto tras la bufanda, las gafas y la gorra, y dijo siempre en tono cariñoso, aunque esta vez con cierto reproche:

–¡Cómo no íbamos a conocerla, señora McLean! Todo el mundo la conoce.

–Pero si hace mucho tiempo que no he actuado en público –intenté objetar.

Ella repitió en el mismo tono de antes:

–Pero ¡señora McLean! Usted siempre sale en las revistas, y también en televisión. ¡Es usted una celebridad!

–De eso hace mucho tiempo –repliqué esta vez con decisión.

–No, no –siguió diciendo la mujer–. ¡Qué importa el tiempo que haya pasado! Lo que usted hace es muy importante.

Yo no entendía nada. Hacía un par de meses que me había empleado como ayudante de consultorio, perdida toda la confianza en mi talento. Así pues, ¿de qué cosas importantes hablaba aquella señora?

–Que tenga usted mucha suerte –dijo la mujer, y el hombre asintió con la cabeza, tras lo cual se volvieron por donde habían venido, en actitud de paseantes pacíficos.

Los seguí con la mirada durante unos cinco segundos y luego me volví para llamar a María, que esta vez obedeció en seguida y corrió hacia mí. La distracción no pudo durar en ningún caso más de quince segundos y sin embargo, cuando hube tomado a la niña de la mano y quise enfilar hacia donde se había alejado la pareja, allí no había nadie. Dejé plantada a la niña y corrí avenida arriba y abajo en toda su extensión. ¡Nada! Estábamos a solas en el gran parque.

Por fin comprendí lo ocurrido. ¡Hacerme eso a mí precisamente! A mí, que siempre había presumido de que sabría reconocer sin duda a cualquier entidad «del otro lado». Sólo entonces recordé la indumentaria de la pareja, demasiado ligera para la estación en que nos hallábamos. Estaba furiosa conmigo misma.

50

¡Qué ceguera! Y volví muchas veces al lugar del camino en donde se me habían aparecido, incluso en los días siguientes y años después. Nunca más se repitió el encuentro.

Dos meses después empecé a escribir mi libro *Adelina y la cuarta dimensión*. Lo redacté de un tirón, sin correcciones, sin detenerme a meditar la intriga ni a perfilar la psicología de los protagonistas. Algunos de los personajes hicieron su aparición sin que yo supiera a qué venían ni qué papel iban a desempeñar en el argumento. Ni siquiera tenía una noción de cuál sería el desenlace. Y sin embargo, cuando lo hallé al fin, resultó lógico y bien construido. Sólo que... no había sido yo.

Iba por el primer tercio del libro cuando me puse a buscar editor, y lo hallé en seguida. Este éxito me dio un aliento extraordinario y terminé la novela en abril de 1987, escribiendo con increíble celeridad. Pero la decepción también se presentó en seguida. El editor se manifestó encantado con mi puntualidad pero no quiso pagar nada.

Entre otros muchos principios importantes, Rudolf Steiner me había enseñado también este: «Aprende a interpretar bien las señales de los comienzos a fin de evitar que te defrauden los finales».

Yo entregaba un buen trabajo y creía tener derecho a una justa remuneración. No me interesaba un editor que se comportaba como si encima estuviese haciéndome un favor, así que me llevé mi libro a casa y me abandoné a la depresión. Pero mi genio tutelar se manifestó inasequible al desaliento y me aseguró varias veces que no pasaría el mes de agosto sin que hubiese encontrado otro editor.

Estábamos a comienzos de julio y aún no había sucedido nada.

Una mañana, hacia las diez, sonó el teléfono y escuché la voz desbordante de optimismo de una íntima amiga de Munich, actriz de la televisión.

–¡Fíjate, Penny! Estaba en la cocina y de repente me pareció que alguien hablaba a mi lado diciendo que debías ofrecer tu libro a la editorial ERD. ¿Conoces tú alguna editorial que se llame así?

–Pues no, la verdad –respondí.

Llamé a mi agente. Tampoco le sonaba el nombre de la editorial ERD, pero tenía un directorio de empresas del gremio.

Un mes más tarde, en agosto, la editorial ERD adquirió los derechos de mi libro. Lucas había acertado una vez más y mi amiga quedó encantada con el buen criterio de sus espíritus tutelares.

Cierto día me visitó para contarme una de las historias más conmovedoras que yo haya escuchado jamás. Una asistenta, que tendría tanta idea del esoterismo como nosotras del centro de cálculo de la Siemens, había visto casualmente uno de los libros de mi amiga y lo leyó en secreto. Así conoció la existencia de los espíritus tutelares aquella sencilla mujer, y se propuso entrar en comunicación con ellos. Lo que ocurrió cuando quedó aprisionada dentro de un ascensor averiado. El espíritu protector le enseñó a pulsar los botones en una combinación inhabitual, cuya consecuencia fue que el aparato volvió a funcionar y ella pudo salir sana y salva.

Me gustaría poder reproducir aquí el inimitable dialecto bávaro de la mujer mientras nos explicaba:

–Y entonces yo le dije a mi ángel protector, o sea, que como me has salvado voy a ponerte un nombre, y le puse de nombre Willy, y ¿a que no sabe una cosa, señorita? Pues que a él le ha gustado.

–Cómo no –comentó mi amiga.

Willy ha sido protagonista de tantas anécdotas, que no cabrían en este libro; y además aquí no pretendo recopilar conversaciones con los espíritus sino dar una idea de las múltiples posibilidades que tenemos para entrar en contacto con ellos, gracias a la gran variedad de recursos de que hacen gala nuestros tutores.

Hace un par de días recibí la visita de la periodista y escritora Carna Zacharias, y nos pusimos a charlar de nuestro trabajo hasta que la conversación, naturalmente, fue a girar alrededor de los espíritus tutelares. Las experiencias de Carna en tal sentido sobrepasan con mucho las mías.

La infancia de Carna estuvo marcada por la presencia de una madrastra que la odiaba. La inquina entre ambas estalló un día con la exclamación de la madrastra «ojalá desaparecieras de mi vista para siempre», a lo que Carna, desesperada, tomó la resolución más extrema y entrando en las habitaciones de su padre, se apoderó de la navaja de afeitar. Estaba a punto de abrirse las venas cuando llamaron a la puerta. Carna ocultó la navaja y fue a ver quién era.

En el rellano apareció un hombre corpulento, de aspecto robusto, que vestía mono de obrero y traía una regla plegable y un nivel.

–Buenos días –gruñó–. Aquí estoy.

Como presentación desde luego no era suficiente, por lo que Carna preguntó, confusa:

–¿Qué se le ofrece?

–Vengo a medir las habitaciones. Por lo de esos armarios empotrados que ha encargado su padre de usted –dijo el hombre al tiempo que se colaba hacia el interior de la vivienda.

El desconocido tomó meticulosamente las medidas

de toda la casa, centímetro a centímetro, sin descuidar ni los marcos de las puertas ni el más recóndito rincón. En esta operación invirtió algo más de una hora y finalmente se despidió sin abandonar en ningún momento su laconismo inicial.

En el decurso de esa hora la resolución de Carna flaqueó y le faltó valor para tomar de nuevo la navaja. Por la noche, cuando llegó su padre, le preguntó qué significaba aquel encargo de muebles nuevos. Al principio el hombre no entendió de qué le hablaba, y también le extrañó sobremanera la visita del operario. Él no había solicitado ninguna medición de la casa ni había encargado ningún género de mobiliario a medida. Entonces comprendió Carna que no había sido cuestión de muebles sino de vida o muerte.

He meditado mucho sobre esta historia y he llegado a la conclusión de que existen dos posibles explicaciones.

La primera supondría la utilización mental de un operario normal y corriente. Transcurrido el episodio, el pobre debió volver en sí hecho un lío y sin entender cómo se había confundido de casa.

La segunda: Materialización del espíritu protector mediante condensación de energía, que le permitió asumir por breve tiempo la apariencia del supuesto operario.

Aunque seguramente incomodará a las diversas instituciones, opino que en Lourdes y Fátima se «trabajó» con parecidos recursos. Toda intervención requiere imágenes que susciten los oportunos efectos, y que sirven para transmitir informaciones, obviamente válidas y demostrables.

¿Habría movido nadie un dedo en Portugal ni en Francia, si se les hubiese aparecido a los niños una señora común y corriente? Por tanto, debía aparecerse bajo el aspecto de un personaje que fuese conocido y que aquellos niños identificasen sin lugar a dudas. El de la estampa que, ya por aquel entonces, podía verse en cualquier hogar católico, más o menos lujosamente enmarcada: una hermosa dama ataviada con una larga túnica y un velo, y con el Niño Jesús en brazos.

La intensa concentración de la energía que se produce durante tales manifestaciones se observa en el famosísimo prodigio de la rosa, en los espectaculares fenómenos solares de Fátima y en el nacimiento de un manantial como sucedió en Lourdes. Menos agradables resultaron otras repercusiones secundarias de la hiperenergía puesta en acción, como el hecho de que fuese tan mal tolerada por las personas expuestas a ella, que todas fallecieron o enfermaron gravemente al cabo de poco tiempo.

El tributo cobrado podríamos juzgarlo llevadero, si la Iglesia hubiese honrado el mensaje como merecía. Pero ése fue, por lo visto, el error que cometió la entidad espiritual, cualquiera que fuese su procedencia, al no tener en cuenta las conveniencias políticas del Vaticano. Estamos hablando de una institución poco habituada a críticas ni menos aún a censuras, ni dispuesta a admitirlas, aun cuando procedan evidentemente de una dimensión más alta.

De tal manera que aún hoy no sabemos nada del famoso mensaje, excepto que el Papa palideció al leerlo. En cuanto a los motivos de la consternación y mudanza de color pontificia, apenas nos han llegado algunos datos fragmentarios en forma de indiscreciones.

Sigamos confiando, no obstante, en los grandes recursos de las energías espirituales que residen en el Cosmos, como quiera que las llamemos. No dudo de que sabrán abrirse camino hasta nosotros, como lo demuestra la historia de Carna, entre otras muchas.

En la segunda parte de este libro trataré de explicar la correspondencia entre las energías cósmicas y los espíritus tutelares, pero antes quiero contar otro caso que sucedió en mi propio domicilio.

Una hermosa noche de abril de 1988 se presentó en mi casa el jefe de una importante agencia de prensa radicada en Munich, al objeto de realizar un reportaje sobre mí para una revista femenina. Le enseñé toda la vivienda y entonces el fotógrafo, como profesional concienzudo, quiso visitar también el cuarto trastero. Aun tratándose de un lugar para mí poco interesante, no tenía nada que ocultar, así que le abrí la puerta y encendí la luz para que pudiese echar una ojeada a las escobas y las fregonas.

De súbito, el periodista gráfico prorrumpió en una serie de balbuceos y se acercó en actitud reverente al tosco armario que tenía en un rincón y que me servía para guardar los productos de limpieza.

—¡Oh! —exclamó con recogimiento—. ¡Un auténtico armario rústico tirolés del siglo XIX! ¿Por qué lo tiene ahí escondido?

—Porque no cabe en la habitación —contesté sin darle mayor importancia, invitándole a salir del cuartucho.

La sesión fotográfica duró unas tres horas y por último el equipo de la agencia se despidió con las habituales muestras de mutuo aprecio actual y futuro.

Transcurrieron varias semanas, hasta que cumplió el plazo para llevar el coche a la ITV; o mejor dicho, antes fue preciso pasarlo por el taller. El presupuesto para el imprescindible maquillaje de mi «cuatro latas» ascendía a una suma para mí descomunal. La alternativa quedaba clara: enviar el coche al desguace o poner los billetes sobre la mesa. Para mi desgracia, existían la mesa y el desguace pero no los billetes en mi monedero. Y sin coche, estaba hundida en mi triple calidad de cabeza de familia, artista trashumante y escritora.

Convoqué el gabinete de crisis a las once de la noche, sin reparar en que cualquier persona normal que hubiese observado aquel aquelarre se habría visto obligada a poner en duda mi salud mental. Y sin embargo, no puedo por menos de recomendar encarecidamente a cualquier persona en apuros este género de sesiones.

En una palabra: pedí socorro a mis espíritus tutelares. Les dije que comprendía perfectamente su indiferencia frente a los problemas del vil metal, pero que en aquellos momentos no podían seguir ignorándolos, o perdería mi automóvil y los últimos restos de mi equilibrio psíquico. Que necesitaba cuatro mil marcos, ni un *pfennig* menos, antes de la una del mediodía siguiente. En la descripción del apuro no omití algunos comentarios oportunos, y di por terminada la asamblea con la habitual invocación a la luz. Pocas veces habré escuchado un silencio tan profundo por parte de los del «otro lado» como en aquella triste madrugada.

La mañana siguiente a las once sonó el teléfono. Era el fotógrafo de la agencia de prensa, quien después de algunos comentarios sobre el tiempo atmosférico y tras preguntarme por mi salud (muy buena, gracias) y por el estado de la nación (no tan bueno, gracias) abordó el asunto que le interesaba:

Que desde aquella radiante mañana de abril había pensado mucho en el pobre armario rústico de mi trastero, condenado a vegetar para siempre en lugar tan indigno de una pieza de tanta alcurnia. Un primer presentimiento empezó a abrirse paso en mi atormentado cerebro.

–¿Te interesa? –le pregunté, lo que suscitó en respuesta un profundo suspiro al otro lado de la línea.

–¿Cuánto me costaría?

Que lo diga él mismo, me dije, y contesté en consecuencia:

–¿Cuánto vale para ti?

Supuse que la pregunta iniciaría un proceso de regateo, una conferencia sobre la crisis económica, la proximidad del verano con sus gastos extraordinarios y la subida del precio de la gasolina. ¡Pero no hubo nada de eso! La contestación salió como un tiro:

–Te ofrezco cuatro mil marcos.

Me dio un ataque de risa. El buen hombre lo interpretó equivocadamente y me aseguró que claro, que él ya sabía que la pieza valía mucho más. Pero dada la situación económica, la proximidad de las vacaciones y la subida de los precios de la gasolina, de ninguna manera podía permitirse un dispendio superior.

Le aseguré mi comprensión y un medio de transporte, y aquella misma tarde él se vio feliz propietario de un mueble rústico tirolés, y yo de un cheque por importe de 4.000 DM.

Fue la única ocasión, y estoy convencida de que también la última, en que planteé directamente a «los del otro lado» un problema financiero mío. *Habían comprendido*.

Con esta anécdota doy por concluido el relato de mis vivencias personales, pero no quiero dejar de lado un tema que alguien podría proponer ahora, o mejor dicho, que se impone por sí mismo, y es el de la telepatía. Este fenómeno funciona de otra manera y todos tenemos alguna experiencia de él. Lo de «hallarse en la misma longitud de onda» con otra persona, sintonizando con su energía mental, es una facultad absolutamente normal, e incluso mejorable mediante entrenamiento, del hemisferio cerebral derecho de todos los humanos.

Se trata de un proceso reversible, naturalmente. Somos emisores, además de receptores. Lo dicho hasta aquí lo admite incluso la ciencia moderna. Poco se ha estudiado, en cambio, la necesidad de proteger nuestro cerebro, el más delicado de los órganos que poseemos.

Mi aportación al tema se reducirá a un breve ejemplo. Todos sabemos lo que es un lavado de cerebro. La definición más clara es la que dice que se trata de una sugestión mental obtenida mediante la violencia y la aplicación de métodos audiovisuales de terrorismo psíquico. Está bien. Pero se consigue asimismo sin necesidad de ayudas audiovisuales.

Hace bastantes años el moderador Rainer Holbe, de la radiotelevisión luxemburguesa, recibió de mí una desagradable demostración de ello. Rainer es un locutor excelente, capaz de una gran concentración, disciplinado y muy dueño de sí mismo. Normalmente nada le altera, es decir, nada le hace perder el hilo de su discurso.

La primera vez que fui a radio Luxemburgo para una entrevista, me presentaron a Rainer Holbe, charlamos y no tardamos en descubrir que ambos éramos aficionados a los temas esotéricos. Por eso él se avino a una especie de experimento.

Le anuncié que cuando le tocase intervenir en una próxima alocución de tres minutos, yo le enviaría una fuerte dosis de impulsos negativos con el propósito de no dejarle hablar. Rainer, que no me conocía de antes y además no dominaba tanto aquellos temas entonces, se burló de mí y se dispuso a iniciar tranquilamente su intervención.

Quiero dejar sentado que no he vuelto a hacerlo nunca, y que incluso aquella vez lo hice de la única manera en que puede realizarse entre personas civilizadas y responsables una prueba tan agresiva: con la previa anuencia del interesado. Rainer tartamudeó como un principiante, equivocó el texto, perdió por momentos el hilo y la capacidad de formular una frase coherente, y sólo su extraordinaria profesionalidad le salvó de la *debâcle* total.

Mucho hemos reído más tarde los dos, recordando el experimento. Pero... no es cosa de risa. Es sólo una demostración de lo mucho que necesitamos el aprender a usar correctamente nuestro cerebro, sin exceptuar el manejo de las energías espirituales –o los tratos con entidades espirituales, si se quiere– tanto en el plano consciente como en el inconsciente.

Nadie querría exponerse sin la debida protección a una tormenta de granizo, a calores o fríos extremos, a una atmósfera químicamente perjudicial. En cambio, todos los días exponemos nuestro cerebro a peligros comparables, sin darnos cuenta de nada.

Capítulo 2

El camino

> *Es preciso que nos representemos con claridad que nuestro cerebro no puede abarcar las correspondencias cósmicas, la quintaesencia de la verdad, la perfección. Todo cuanto podamos ofrecer en tal sentido no pasará de ser un modelo mental. Por más lógico, o genial, que nos parezca tal modelo en un momento dado, realmente no será sino una fracción, una mera intuición del saber universal.*

En esta segunda parte pretendo ayudar al lector para que descubra y estabilice las facultades que le facilitarán el contacto con sus espíritus tutelares.

Nosotros los habitantes de la Tierra vivimos en un planeta escuela del grado más elemental, y con encarnarnos aquí hemos aceptado el reglamento de esa escuela. Porque esa encarnación, ese nacer aquí, ha sido una opción voluntariamente asumida por cada uno de nosotros, una decisión libre. Y el programa pedagógico de este planeta llamado Tierra incluye la total comprensión de la polaridad, de las oposiciones. Ningún otro planeta podría superar la variedad infinita de ese currículo.

Por eso, nunca puede ser suficiente una sola encarnación para alcanzar toda la sabiduría y toda la experiencia. Y por eso seguiremos eligiendo la Tierra como lugar de aprendizaje hasta que hayamos llegado a una madurez suficiente, que nos permita encarnarnos en otros lugares y bajo otras formas. En nuestra encarnación terrestre nacemos dotados de un cuerpo material, cuyo cerebro está adaptado a las exigencias de esta vida. Tales exigencias giran sobre todo alrededor de las polaridades, por ejemplo día-noche, calor-frío, blando-duro, bueno-malo, sano-enfermo, exterior-interior, hombre-mujer, yo-tú, etc. Cadena infinita que permite intuir la inmensidad de la asignatura.

También nuestro cerebro consta de dos mitades, los llamados hemisferios cerebrales. El derecho es el de la intuición, el de la comprensión sentida, mientras que el izquierdo es el de la razón y la lógica. También nos aseguran que el hemisferio derecho es el femenino o *yin*, y el izquierdo el masculino o *yang*. Siendo así que estos conceptos se han tomado de la filosofía china, que describía el principio de todas las cosas con un círculo dividido en una mitad luminosa o yang y una mitad oscura o yin.

Este símbolo es una genial representación gráfica del mundo de las polaridades. De la constelación del cerebro humano resulta la predestinación del hemisferio derecho, y por consiguiente del sexo femenino, en cuanto a las percepciones intuitivas, sensitivas y espirituales. El hombre sólo puede acceder al mundo no material cuando logra vencer el exagerado aprecio de las cosas materiales propio de su sexo; aunque también es posible la inversa, o sea que la mujer pierda su intuición innata por un exceso de dedicación al pensamiento puramente racional.

En principio el hombre debe alcanzar la consciencia intuitiva mediante un esfuerzo, mientras que la

Fig. 1. Yang y Yin.

mujer la posee pero debe aprender a utilizarla correctamente. En ambos casos se trata de llegar a una utilización equilibrada y armónica de ambos hemisferios cerebrales, lo que se ha dado en llamar el pensamiento andrógino. La dificultad de ese pensamiento bilateral explica la mayoría de los equívocos entre hombres y mujeres, o tal vez todos, y también las potentes fuerzas de atracción que existen entre ambos polos.

En veinte años de intensa encuesta he podido averiguar que las mujeres son mucho más conscientes de la presencia de un guía invisible, y he comprobado que la mayoría cometieron al respecto los mismos errores de interpretación que yo en mis años juveniles.

Consisten en creer que sea obra nuestra cuanto pensamos, presentimos o intuimos; casi nadie comprende que la mayoría de los resultados positivos son producto de un intenso «trabajo en equipo». Desde esta perspectiva resulta penoso que nadie se envanezca de «sus» inventos, «su» capacidad de deducción o «sus» grandes hazañas.

Teniendo en cuenta que todo el saber manifestado por los pobladores de esta Tierra se extrae del gigantesco fondo común de la sabiduría cósmica, incluso la concesión de un premio Nobel reviste cierto carácter ridículo. Porque el premiado no ha inventado nada; su mérito es haber sabido aumentar la facultad de captación de su cerebro y así contar con mayores ayudas para empaparse de saber.

Ojalá supiéramos cuántas entidades superiores habrán sudado sangre para conseguir que un señor Edison, un señor Röntgen o incluso un señor Von Klitzing presentasen el conocido resultado final. Respetemos la perseverancia, el esfuerzo autodidáctico, pero no el invento, porque eso es preexistente.

Hay que considerar que, existiendo otros planetas en donde la aplicación de las hiperenergías es una práctica corriente, fácil (y también responsable), no deberíamos enorgullecernos demasiado de nuestros Concorde y nuestros cohetes lunares. Y es que la vanidad humana deriva directamente de nuestra ignorancia.

Cuanto más inspirado y más auténticamente sabio, el pensador se vuelve más humilde y admite sin inconvenientes que «sólo sé que no sé nada»; o dicho de otra manera, «somos únicamente los aparatos receptores de una estación emisora que está en otro lugar».

El comprenderlo así es una buena base para emprender la comunicación con los espíritus tutelares o cualesquiera otras inteligencias del «otro lado» a fines de mutuo provecho y satisfacción. Otra base imprescindible es una buena formación escolar, adaptada a la inteligencia y a las inclinaciones de cada cual. Porque, cuanto más extensos sean nuestros conocimientos elementales y mayor la flexibilidad de nuestro cerebro, mejor asimilaremos las novedades. Nuestro esfuerzo en pos de la elevación espiritual suele verse correspondido por una exigencia cada vez mayor de parte de nuestro tutor personal. Aunque también puede darse una evolución negativa, o para ser más exactos, eso fue lo que me sucedió a mí.

Durante mi periodo de formación y los comienzos de mi carrera conté con la asidua ayuda de un espíritu protector muy exigente; pero luego, cuando abandoné el saber que había adquirido, o incluso pretendí negarlo en aras de la vanidad y la indolencia, finalmente aquél se negó a seguir prestando su asistencia. Fue preciso que transcurriera un periodo de siete años, y la intervención de un mediador, para poner fin a mi situación de desvalimiento. La retirada de aquél había producido la desbandada de todos mis espíritus tutelares, cuyos efectos sobre mi plan de vida fueron catastróficos.

En esa época descubrí no sólo la importancia, sino también la peligrosidad del pensamiento positivo. Es importante porque la energía mental positiva cataliza el impulso energético en dimensiones superiores. Y es peligroso, porque conducido de una manera demasiado unilateral desemboca en el quietismo, en la comodidad espiritual. No podemos escapar a la dualidad que es la característica fundamental de nuestro planeta, y que requiere la interacción de las energías mentales positivas y las negativas. Por otra parte, y conforme nos acercamos a la era de Acuario, se nos va planteando la necesidad de superar los anticuados esquemas de contradicción «bueno = bueno», «malo = malo».

La fuerza que quiere siempre el mal y obra el bien sin quererlo, de hecho también es creadora, como ya vio correctamente Goethe. Por tanto, es la facultad de manejar correctamente las dos orientaciones de la energía mental lo que hay que enseñar, desterrando la negación total de lo que nos parece negativo; o dicho de otro modo, no basta con que los humanos aprendan a pulir una cara de la medalla. El reverso también existe y reclama ser atendido.

Se echa en falta un tratado sobre «el arte del pensamiento integrador».

Demasiado tarde aprendí yo, y pasando por la vía dolorosa, que el pensamiento positivo no estriba solamente en un programa de mentalización amistosa para evitar problemas en el trato con las personas, acompañado de una garantía ilimitada de salud y éxito. Utilizado de esta manera tan unilateral funciona más bien como un bumerang.

Sirva un breve ejemplo para aclararlo: cierto día se presentó en una consulta una dama de mediana edad que desde hacía meses dedicaba todas sus energías a mentalizarse positivamente, con el fin de superar sus apuros financieros. Una verificación de su avatar reveló que había elegido el tránsito terrenal presente, sobre todo, al objeto de depurar experiencias mediante la privación. Y sin embargo ella misma, con su afán de concentración positiva y mejora de la situación material, luchaba absurdamente contra el propio destino elegido.

Esta paradoja me fue revelada en medio de una biblioteca pública y mientras yo me disponía a devorar otro conocido manual de pensamiento positivo, y por cierto que mi comunicante fue el mismo que en su día me facilitó las indicaciones técnicas para reparar el coche de Immy. Lo cual puso en tela de juicio mi teoría de una división del trabajo especializada entre los espíritus tutelares.

Su intervención en contra de la aplicación unilateral del pensamiento positivo y de las mentalizaciones contrarias al destino señalado no careció de brillantez literaria. Más adelante tuve ocasión de consultarle a menudo en materia de poesía, y también durante el arreglo de mi contestador automático, que resolví con buen éxito.

Pese a todo, mi existencia sufrió muchos altibajos durante un periodo de varios años, en que mis espíritus tutelares se habían alejado de mí por las razones que indicaba en un pasaje anterior. Como no hay mal que por bien no venga, según queda dicho, esa peripecia me sirvió para comprender la estructura de las jerarquías que me indicara con alguna frecuencia Rudolf Steiner, sin que yo llegase a entenderla bien por aquel entonces.

Es un sistema relativamente sencillo: ante todo se trata de admitir que el ser humano es, en este mundo, un mero visitante o transeúnte, un no autóctono. Porque eso lo son únicamente los minerales, los vegetales y los animales, es decir aquellas categorías formales de la energía materializada creadas, pero no capaces de crear a su vez, y que no conocen la individualidad.

A este triple grupo se le opone el de los espíritus protectores y auxiliares, seguido del de los querubines y los serafines, que son las llamadas potestades del segundo orden, y por encima de todos la llamada entidad OM, la omnipotencia perfecta y omnisciente. Y el eslabón entre uno y otro grupo es el ser humano: creado materialmente, por una parte, pero que *puede* a su vez crear. *Puede* ser creador, y gracias a su individualidad y su facultad de aprender, *puede* hacer un esfuerzo y elevarse al grupo inmaterial.

En el seno de los grupos de ángeles tutelares, arcángeles y OM se da, a su vez, gran número de jerarquías, cuyo detalle rebasaría los límites de esta obra.

Si algún lector quiere informarse por extenso acerca de estas entidades espirituales, le recomiendo el manual de invocación mágica de Franz Bardon. Los espíritus consignados en el mismo, pertenecientes a las distintas esferas, corresponden a la millonésima parte de las entidades existentes, según algunas estimaciones.

Sucede que Franz Bardon se ha limitado a describir en su libro aquellas entidades de las que él mismo ha podido tener conocimiento gracias a su avanzada madurez psíquica.

En efecto la madurez y la calidad espiritual son condiciones que determinan en gran medida nuestras posibilidades para la comunicación con los seres de las esferas superiores, como espero demostrar convincentemente en este libro. Nadie que no se haya dedicado con asiduidad a su propio perfeccionamiento conseguirá acercarse a los espíritus superiores, ni mucho menos recabar la tutela de éstos. Pero basta por ahora. Consideremos de momento cuáles son las fuerzas no materiales con quienes podemos aspirar a comunicarnos, y cómo lograrlo.

El requisito principal de toda colaboración consciente con las entidades del otro lado estriba en asumir que existen. Comprobará el lector que cuanta mayor dedicación ponga en la búsqueda de una confirmación, ya que la ciencia aún no admite la realidad de aquéllas, más claramente la verá corroborada.

Por cierto que este fenómeno de «el que busca, encuentra» se da asimismo en otros dominios por completo ajenos al que aquí nos ocupa, como todos hemos tenido ocasión de comprobar personalmente.

Supongamos que decide usted pasar las vacaciones en Egipto y, no queriendo conformarse con tomar el sol, decide adquirir un poco de cultura. Para ello empezaría por procurarse algunos libros sobre las pirámides.

Digamos que esa lectura espoleó su interés y que quiere aprender algo más, conocer un poco mejor esos misterios. Tal vez, viajando en el autobús, escuche una conversación entre dos pasajeros que están hablando de las pirámides. En la sala de espera del odontólogo, la primera revista que tome en sus manos traerá un artículo sobre las pirámides. Y por la noche, al poner en marcha el televisor, lo primero que aparecerá en pantalla será un arqueólogo con un comentario sobre la Esfinge.

El *quid* de la cuestión es que estos sucesos se habrían producido igualmente alrededor de usted, aunque no le importasen las pirámides en absoluto. Sólo que entonces no se habría fijado para nada en ellos. Sin embargo, una vez lanzado a la búsqueda parece como si todo, a su alrededor, quisiera hablarle del tema que motiva su interés. Sucede así siempre que uno busca algo; es como si anduviera con las antenas puestas y como si la información se hallase residente en el éter y no estuviese esperando sino a que alguien sacara esas antenas. Este fenómeno, que en realidad no es tan asombroso como parece a primera vista, también pertenece a la esfera del pensamiento positivo.

En lo tocante a este sistema quiero pedir al lector algo que sin duda no le resultará fácil si está familiarizado con la forma habitual del pensamiento positivo. Quiero que prescinda con carácter inmediato de esa noción y la sustituya por la de «imaginación óptima». Esa modalidad de representación contiene mil veces más energía que la formación habitual de frases e ideaciones de carácter positivo.

A fin de practicar la imaginación óptima es indispensable que conozcamos el programa que tenemos destinado en nuestra existencia, es decir las posibilidades potenciales que se nos ofrecen. Pues carecería de sentido que imaginásemos un desiderátum no recogido en nuestro programa. Reitero ahora con el mayor énfasis esta idea que apuntaba en un pasaje anterior: ¡cuidado con nuestros deseos y con la intensidad que ponemos en la pretensión de realizarlos, porque... podría suceder que se nos concediesen!

Parece una broma pero lo digo muy en serio. Podríamos recordar aquí la anécdota del hombre que se empeñó con toda su energía mental en conseguir un pasaje en el *Titanic* cuando ya estaban vendidas todas las plazas. Y lo consiguió, porque uno de los viajeros canceló su billete a última hora. Lleno de alegría, nuestro protagonista se apresuró a ocupar su lugar. Lo que sucedió después, todo el mundo lo recuerda.

Por eso le ruego encarecidamente que cuando conciba un deseo y vaya formando alrededor de él su mundo de representaciones, procure prestar mucha atención a lo que le diga su fuero interno.

Ese puesto de trabajo tan anhelado, ese socio tan solicitado quizá sean los señuelos de una trampa que nos tiende el destino. Es muy posible que la mayoría de mis lectores, o quizá todos, desconozcan todavía ese concepto. Como tampoco habría sospechado yo nunca la existencia de tal cosa, a no ser gracias a la intervención de mis espíritus tutelares. La trampa del destino guarda siempre cierta relación con el libre albedrío, y se detecta por dos maneras: en primer lugar, mediante la colaboración asidua y rigurosa con el espíritu protector para evaluar las situaciones y las ofertas; en segundo lugar, mediante el levantamiento de un cosmograma astrológico cuidadoso.

Es más fácil conseguir lo primero que lo segundo. En nuestro país (y en otros muchos) apenas contamos con astrólogos que sepan bien su oficio y que además hayan comprendido a fondo su misión. Para decirlo claro de una vez por todas, ningún astrólogo puede predecirle a usted el futuro. Y si alguno se empeña en demostrarle lo contrario, ¡cuidado con la cartera y aléjese cuanto antes!

La astrología es como un sismógrafo con registro de tiempo que dice cuáles son los influjos energéticos planetarios que uno recibe en un momento dado, o lo que viene a ser lo mismo, cuándo ha madurado el momento para una determinada acción, o cuándo no.

En nuestra vida nos vemos obligados a tomar decisiones continuamente, según dimanan de nuestro libre albedrío. Estas decisiones son la piedra de toque, y también señales que indican a los del otro lado el punto que hemos alcanzado realmente en nuestro proceso de maduración. En base a ellas va evolucionando nuestro destino, en cuya formación tomamos parte lo mismo que la potencia superior encargada de nuestra tutela. Poco le importa a la Perfección el camino que tomemos para llegar a ella; les leyes cósmicas son indiferentes a la mayor o menor dificultad que nos suponga el asumirlas. Ellas existen y eso es todo.

Suena brutal y lo es. Se necesita una comprensión verdaderamente ilustrada de la bondad y la clemencia divinas para admitir los destinos humanos de este planeta. Existimos gracias a la energía divina del grupo OM, que nos ha dotado de las facultades básicas necesarias para devenir lo que hoy somos, seres humanos. Pero venimos a este mundo con un programa y una misión, la de elevarnos al grado de la perfección. Y este camino es doloroso y pedregoso, a la par que bello, porque la meta está asegurada y la intuición de que podemos alcanzarla es la fuerza que nos sostiene y nos empuja.

Si parece admisible lo explicado hasta aquí, tal vez convendrá el lector también en lo siguiente: que debe prestar atención al nivel de sus oraciones cuando quiera dirigirse a los espíritus superiores, o incluso al Ser Supremo, Dios padre. Las entidades superiores no son la oficina del Defensor del Pueblo, ni tienen la misión de lograr que los resultados de la loto sean conformes a los deseos de la señora Pérez, ni velar por que se le cure la pierna al señor Rodríguez. Si existe algo que pueda juzgarse importante, quizá ese algo sea el destino colectivo. Y el destino colectivo no depende sino del pleno esfuerzo de cada uno de nosotros.

Lo que se refleja en el mandamiento «amarás a tu prójimo como a ti mismo», que ha de ser el norte y guía de nuestra existencia. Pero atención, que este mandamiento tiene dos partes, lo cual suele olvidarse para perjuicio de todos. Vamos a invertirlo para que se vea con claridad lo que significa tan importante precepto:

72

«Ámate a ti mismo... para que seas capaz de amar al prójimo.» En este caso, lo de «amarse a sí mismo» no implica egocentrismo ni vanidad. Sólo es cuestión de tratar con prudencia y buen juicio a las personas en general, y sobre todo a esa persona principalísima que es uno mismo, la primera que puede enseñarnos el significado de la responsabilidad.

Estamos dotados de alma y de cuerpo, y *ambos* quieren verse atendidos, y *ambos* guardan correspondencia consigo mismos y con la entidad superior de donde proceden. Son estas nociones las que determinan nuestra relación con esa entidad y no el recitado mecánico de oraciones aprendidas ni la repetición mecánica de ningún rito ancestral.

Recuerdo muy bien la conmoción que sufrí cuando comprendí por primera vez estos hechos. Sin embargo, fue una conmoción necesaria y saludable. Por eso quiero transmitir mis ideas a los lectores tal como yo las recibí, fielmente reproducidas y con todo cariño, pero también con el máximo rigor.

«Amarás a tu prójimo como a ti mismo.» ¡Ay, el amor, el amor! ¡Palabra comodín tan socorrida y tan mal comprendida! Sinónimo del Altísimo y subterfugio del que abusamos para extorsionar al compañero, para desahogar los instintos, para imponer nuestros esquemas culturales a naciones que nada tienen que ver con nosotros, para maltratar a nuestros hijos. Por los frutos de nuestro amor se nos conoce. Amar no es tratar de dominar al otro, ni pretender que sea idéntico a nosotros, sino dejarle en libertad, dejarle vivir, dejarle ser tal como es.

El que se ama a sí mismo se libera a sí mismo de la dependencia y se concede la oportunidad inmensa de cambiar, de alcanzar la autonomía. Y ser autónomo no significa regirse solo; es un don y una prueba. Que se vive en ocasiones como un castigo, aunque su verdadera función sea la de preparar nuestra maduración y conducirnos hacia la autonomía, ese estado que nos hace capaces de amarnos a nosotros mismos así como a nuestro prójimo, sin segundas intenciones y sin demostraciones teatrales.

Guardémonos de hacer caso a los que ofrecen constantemente su ayuda sin que nadie la solicite, y que en cambio no son capaces de arreglárselas en su propia vida. Esa ayuda no aprovecha a nadie y deberíamos interpretarla en realidad como una llamada de socorro por parte de alguien que suplica ser admitido y amado. A esas peticiones sí hay que responder siempre; no debemos negar nuestra ayuda a quien necesita de ella, ya que ello es la condición previa para vernos escuchados cuando nos toque el turno de solicitar auxilio.

–Pero ¿quién me ayudará a mí, cuando Dios está lejos y nadie se preocupa sino de los grandes colectivos? –se preguntará tal vez el lector, lo mismo que me sucedió a mí hace años–. ¿A quién le importa lo que pueda sucederle a un grano de arena, una hormiga, una insignificancia como yo?

Estas reflexiones me valieron una de las poco frecuentes repulsas de Rudolf Steiner:

–¿Cómo te atreves a decir que no eres nadie? ¿Acaso no eres una parte del Ser Supremo? ¿No has de colaborar al equilibrio cósmico y dentro de él, anunciando y manifestando la idea divina por medio de tu existencia?

–Sí –traté de excusarme–. Pero ¿quién me defiende *a mí*?

–Tu *alter ego*, tu yo superior –dijo el guía de mi grupo.

En el decurso de las conversaciones resultó que esto de entrar en comunicación con el *alter ego* venía ser más o menos como lograr una audiencia con el presidente del gobierno. Mi yo superior se acordaba de mí, no lo dudo, pero yo, en mi inmadurez, no acertaba a hacerme escuchar.

Necesité valedores, por tanto, mediadores que simpatizasen con mi causa. Y éstos fueron mis espíritus tutelares, así como otros espíritus auxiliadores que, si bien no eran directamente responsables de mis asuntos, manifestaron interés hacia mí como consecuencia del interés mostrado por mí hacia ellos. Para ello hube de aprender a distinguir entre mis voces mentales, y a tomarlas en serio.

La primera vez que me dirigí a mi yo superior estaba tan sobrecogida que casi me habría puesto de rodillas; en cambio, el trato con mis espíritus protectores y amigos nunca fue tan dramático. Lo primero que me pidió mi espíritu protector fue que me abstuviera de rezarle, diciendo que éramos «un equipo» destinado a colaborar óptimamente, y aunque él tuviese más perspectiva y más experiencia, eso no era motivo para dirigirle oraciones a él.

Le pregunté entonces cómo debía orar, y ante la contestación que recibí huelgan explicaciones y sobran interpretaciones o comentarios míos.

—Jesús legó al mundo la oración más poderosa que haya existido nunca ni existirá. Dicha con recogimiento y humildad, te pondrá en relación directa con el Padre Todopoderoso, a quien pedirás con ella cuanto necesitas realmente. Es la que dice:

Padre nuestro,
soberano de todos los cielos

cuyo nombre es loado por todos,
permite que Tu perfección resplandezca en nosotros,
y que maduremos según Tu voluntad,
eficaz en todo y por todo.
Que recibamos los frutos de nuestro trabajo
y no caigamos en pecado
ni abrumemos a los demás con el peso de sus faltas.
Danos fuerzas
para resistir a la tentación
y para vencer al mal,
a fin de que seamos dignos de Ti
por toda la Eternidad. ¡Amén!

Con esto quedó claro para mí, de una vez por todas, que rezar no es mendigar favores. El que reza quiere conectar con la corriente divina, con las vibraciones que van a comunicarle toda la energía que precisa para superar sus dificultades y avanzar en el tránsito hacia OM.

Podemos incordiar y mendigar a nuestros espíritus tutelares, e incluso quejarnos a ellos, o negociar con ellos. Pero jamás exigir ni amenazar, pues son cosas que ni la mayor indulgencia perdona. Sobre todo, es preciso recordar que la calidad espiritual que ofrezcamos será la misma que encontraremos en respuesta.

Con esto paso a abordar el tema del ocultismo, si por tal entendemos los corrimientos de veladores, las invocaciones a los espíritus, las misas blancas o negras, las sesiones mediúmnicas tipo espectáculo, etc. Sobrecoge el comprobar la ingenuidad de muchos de los que quieren aproximarse a tan peligrosas cuestiones.

Seguramente no será casual el hecho de que hoy, cuando me dispongo a escribir este pasaje, reciba la llamada de un médico amigo y residente en Hamburgo, quien me consulta, totalmente consternado, qué hacer con dos pacientes suyas que tras diez horas (!) de *séance* han caído en un estado de confusión mental y no se atreven a salir a la calle por habérselo prohibido personalmente Dios y Satanás (los dos máximos adversarios, ¡naturalmente, no era cuestión de perder el tiempo en tertulias con potestades menores!). Es exactamente lo que anunciaba en el párrafo anterior. Aunque hayamos aprendido a abrigar el cuerpo con arreglo al lema de «ande yo caliente y ríase la gente», en cambio muchos no saben todavía cómo vestir la cabeza... para conservarla fría.

En nuestras clases de religión el tema del ocultismo se despachaba con cuatro frases despectivas. Veremos cuánto tiempo se necesitará para que llegue a ser del dominio público la siguiente información imprescindible: en la esfera espiritual hay entidades más peligrosas que un cuchillo, más destructivas que la heroína, más corrosivas que el ácido clorhídrico. Así pues, ruego encarecidamente a los novatos que se abstengan de juguetear con las prácticas ocultistas. El peligro es tan mortal como conducir en dirección contraria por una autopista. No debe celebrarse ninguna sesión a no ser en estancias hermetizadas, en compañía de testigos hermetizados y bajo la dirección de un maestro del cuarto grado (como poco).

En la tercera parte de este libro indicaré las fórmulas que convienen a este asunto y sus aplicaciones, y anticipo que deben observarse con toda exactitud mis instrucciones. Explicaré en pocas palabras lo que es un maestro del cuarto grado: es una persona en quien se distingue a primera vista un avanzado nivel de madurez y una salud excelente, que ha sido iniciada por otro maestro y que se ha sometido a la consagración del cuarto grado; y quien no sepa lo que esto significa, absténgase de la pretensión de dirigir sesiones de cualquier especie, porque eso es asumir una responsabilidad comparable a la de un piloto de aviación con respecto a sus pasajeros. Y si no sabe llevarlos con seguridad a través del canal, incurre en el mismo *karma* que un piloto borracho.

La ignorancia no dispensa del castigo. El inmaduro espiritualmente que osa invocar a los espíritus será visitado por aquellos que son como él, espíritus burlones, inmaduros, prisioneros y apegados a la tierra, la estupidez de cuyas respuestas no tendrá parangón sino con la tontería de las preguntas.

La impostura ocultista no tiene nada que ver con la invocación y la consulta a los espíritus tutelares y las entidades superiores. Para esto último se exige pureza espiritual y madurez, así como un gran sentido de la responsabilidad, firmeza moral (que no obstinación) y una consciencia ilustrada en relación con lo divino.

Como doy por supuesto que todos mis lectores han procurado alcanzar estos requisitos y piensan seguir esforzándose, voy a describir el camino con todo detalle para que puedan comunicarse con su espíritu protector, y no con ninguna quimera que los arroje a la esquizofrenia. Sé que utilizarán estas importantes orientaciones juiciosamente y ponderando con detenimiento las circunstancias; por eso quiero ayudarles allanando la senda que conduce a tan alto objetivo: el contacto con nuestro yo superior.

Desde la infancia habrá aprendido usted a observar, en su rutina cotidiana, ciertas ceremonias, compuestas en su mayoría de actividades dirigidas a preservar la dignidad exterior del humano, así como contribuir al mantenimiento de la salud corporal.

Pues bien, voy a pedirle que incluya en su jornada, al principio y al término, sendas pausas de diez minutos que le servirán para atender a la higiene de su alma y su espíritu. Quienes convivan con usted tendrán que aprender a respetar esos diez minutos, durante los cuales usted querrá gozar de total paz y recogimiento.

Busque una estancia en donde pueda permanecer un rato en postura de meditación, sin ser molestado mientras establece contacto con las potencias superiores. Alumbre una vela y sitúese mirando hacia el este.

Empiece por persignarse; hágalo de la manera que seguramente le enseñaron en su infancia: mano derecha a la frente (en nombre del Padre), al pecho (y del Hijo), al hombro derecho, al hombro izquierdo (y del Espíritu Santo), manos juntas (amén).

Aunque, si quiere, también puede hacer de otra manera la señal de la cruz, que es como yo suelo hacerla: se elevan ambos brazos lateralmente, describiendo un amplio arco, hasta unir las manos sobre la cabeza (en nombre). Luego las manos juntas tocan la frente, entre las cejas (del Padre), el pecho (y del Hijo). Los brazos se separan lateralmente (y del Espíritu Santo), y luego se cruzan sobre el pecho (amén). Entonces alzaremos el rostro al cielo y pronunciaremos el Padrenuestro.

Dicha la oración entraremos en una pausa de recogimiento absoluto, a fin de sentirnos en unidad amorosa y agradecida con el Creador. Evite formarse ninguna idea; limítese a hacerse puro sentimiento. Si esto le plantea alguna dificultad inicial, imagine que todo su cuerpo va quedando inundado de una luz cálida, dorada, que asciende poco a poco hasta la frente y desborda hacia arriba para iluminar toda la habitación alrededor de usted. Procure sentir la energía y la protección de esa luz.

A no tardar experimentará una sensación de bienestar muy semejante al sentimiento del amor. Pronto se acostumbrará a ella y conseguirá «generar» ese estado sin ningún esfuerzo. Represéntese visualmente que esa luz es su espíritu y que su cuerpo se baña en ella; al mismo tiempo ella absorbe la respuesta del Creador al saludo matutino (o vespertino) de usted.

Una vez haya adquirido consciencia de este sentimiento, debe absorber de nuevo esa luz dentro de su cuerpo para que irradie interiormente. Diga en voz alta: «Yo soy el amor de Dios». Apoye las manos en las rodillas, con la palma vuelta hacia arriba, y diga: «Para el día de hoy (o la noche) imploro protección. Soy uno con el Todopoderoso y con mis espíritus tutelares, y doy gracias por el auxilio recibido».

Deje que se difunda dentro de usted la sensación que le produce esta oración, y disfrute el bienestar subsiguiente. Aunque no es frecuente, podría ocurrir que con este ejercicio, cuya finalidad consiste en establecer un equilibrio, alcanzase su primera toma de contacto.

En ningún caso estos ejercicios diarios deben prolongarse más de un cuarto de hora por sesión. Los últimos minutos de cada una de éstas se dedicarán siempre a la toma de contacto con la Tierra. Note usted la firmeza del suelo, la base de apoyo que le ofrece. Concluya el ejercicio persignándose como lo hizo al empezar y consciente de que acaba de emprender una nueva etapa en su vida, rodeada de buena voluntad y de amor, e inmersa en la convicción de que van a salirle bien las cosas en adelante.

Si consigue transmitir este sentimiento a todas las

actividades de la vida cotidiana, incluso el sueño, e integrarlo en sus acciones, no tardará en advertir verdaderos milagros a su alrededor.

En algún momento notará que se le ama. Es algo más que ser popular o caer simpático; sucede que incluso personas completamente desconocidas se le acercan a uno por la calle para decirle una palabra amable.

Cuando esto ocurra –y le garantizo que ocurrirá– agradézcalo con amabilidad pero no se considere obligado a corresponder. El amor debe fluir. Así por ejemplo, si alguien le dice «qué aspecto tan espléndido tienes», no hace falta contestar «tú también»; es suficiente con aceptar el cumplido diciendo «muchas gracias». Demuestre que le complace y diga lo que siente.

La aceptación positiva de las muestras de amabilidad es un elemento importantísimo de la propia formación y ayuda a preservar la capacidad de amar y la sociabilidad. Además es una inyección de energía dirigida al plexo solar, centro energético que se localiza a pocos centímetros por encima del ombligo.

Si alguien nos dice «qué reloj de pulsera tan hermoso lleva usted», no tiene sentido contestarle «¡bah!, pero si es una antigualla»; la manera de reaccionar positivamente sería contestar aceptando el cumplido: «sí, a mí también me agrada mucho y lo llevo todos los días», o «celebro que le guste».

Dicho sea de paso, expresiones como «me alegro», «lo celebro», «me hace feliz», «es bueno», «ha sido un placer», «qué divertido», «qué agradable», «te quiero» tienen un poderío energético propio. Úselas siempre que se le presente la oportunidad, y de manera deliberada.

Comentarios al margen, cuando regrese usted a la vida cotidiana fortificado por la contemplación de la luz, procure fijarse en sus propios pensamientos y tome nota del estilo y la coloración de sus procesos mentales. Piense deliberadamente; dicho así parece una perogrullada pero cuando lo practique verá que cobra cada vez más sentido.

La mayoría de nosotros damos comienzo a nuestra jornada usando un medio de transporte, bien sea colectivo o particular. Esos medios son idóneos para escuchar las voces de nuestra mente, porque nos imponen la cercanía de otras personas sin que nosotros la hayamos buscado. Nuestro sentido territorial se halla rudamente contrariado, sobrecargados los órganos de los sentidos, la paciencia puesta a prueba cien mil veces.

¡Ése es el momento, justamente! Lo que piensa uno en tales situaciones, lo sabe de sobra («¡Dios mío! ¡Otra vez viene el autobús lleno hasta los topes!» «¿Por qué gritará tanto esta gorda?» «¿Por qué no quita de una vez el intermitente ese imbécil?», etc., etc.). Deje usted, pues, que su mentalidad diaria comente las incidencias que acontecen y... trate de escuchar más allá.

No es fácil, ni se consigue de buenas a primeras. ¡No se desanime! Mucho habrá adelantado el día que una voz interior le diga: «La gorda habla fuerte porque es dura de oído». Haga caso. Seguramente no se trata de una suposición, sino de una información destinada a tranquilizarle.

Cuántas veces habré pisado el freno anticipándome a la acción del que circulaba delante, sólo porque alguien habló en mi cabeza: «¡Frena!». Me conozco a mí misma, y conozco mis procesos mentales. Nunca pienso «frena» cuando toca frenar. Lo hago en reacción.

En el 99,9 % de los casos, el espíritu protector no se manifiesta, para empezar, con mensajes sublimes, sino a través de las banalidades del día a día. Preste atención, sobre todo, a las ideaciones que se le ofrezcan en la segunda persona del singular, a las voces que le tutean a uno... siempre y cuando no le suceda como a mí, que he tenido que sufrir durante años a un interlocutor que se refería a mí en tercera persona («¿es que no tiene ojos en la cara ésa?») y además me hablaba en lengua antigua, del siglo XVI.

Pasamos ahora a un punto de los más importantes en lo que se refiere a la relación con el más allá: la higiene mental. En principio, la mente es libre. Nadie en el mundo puede leer los pensamientos (excepto algunos superdotados) ni ejercer censura alguna sobre ellos. En ello consiste precisamente, sin embargo, el mayor obstáculo del camino hacia la perfección, y por ende, la comunicación con nuestros espíritus tutelares.

Podemos admitir como hecho demostrado que los seres que han asumido ese papel tutelar son de índole noble y observan las leyes divinas. Por otra parte, y por desgracia, también es cierto que los espíritus tutelares se hallan al corriente de todo cuanto pensamos. ¡Imagine lo que habrán sufrido los pobres!

Puedo garantizar y garantizo aquí lo siguiente: Que ninguna persona de las que se dedican a la violencia, la pornografía, la opresión, el rencor y la venganza tendrá jamás ningún contacto con su yo superior. Si alguno tiene, será con aquellas entidades espirituales a quienes atraen tales cosas, que quieren disfrutar a través de ese individuo tan bajas inclinaciones, y desde luego no son espíritus tutelares.

83

Una pedagoga me contó una vez que «dentro de cada uno de nosotros dormita un cerdo, un espíritu pequeño y cobarde». Es verdad, por desgracia. Pero *dormita*. Y también dormita dentro de nosotros un ser noble y radiante, un salvador abnegado, un vencedor misericordioso y un gran enamorado. Todo eso dormita en nuestro fuero interno. De nuestro libre albedrío depende el despertar a quien elijamos.

Como sin duda no ignoran mis lectores, el ser humano transporta a su alrededor un aura que parece un manto radiante y que a veces se advierte desde una distancia de hasta dos metros. Esta irradiación de energía, las personas dotadas de sensibilidad especial llegan a visualizarla en colores.

Sería bueno que cada uno pudiese observar su propia aura después de contemplar una película sanguinaria del Oeste, de leer una novela de crímenes, de ver una fotografía indecente o de admitir el trato con una persona de las que se complacen con esas cosas.

Siempre me ha sorprendido la escasa atención que prestan los humanos a lo que no puede verse. Ningún individuo normal se revolcaría en la mierda (con perdón) vestido para ir luego a mezclarse con sus semejantes silbando una cancioncilla. Y sin embargo, eso es lo que hacen con su aura miles de personas. Usted se carga de sexualidad comercial y de violencia, y luego anda exhibiendo un aura que apesta a energías negativas, con la cual atufa al niño de su amiga, al desprevenido vecino, a la cajera del supermercado con toda su clientela y a los escolares que comparten con usted el vagón del metro. Pero ¡puesto que no se ve!

Estamos dotados de libre albedrío. Eso significa que podemos escoger. Así pues, ¡escoja! Y hágalo consciente de su responsabilidad. No crea que el perturbar el aura del prójimo no vaya a tener sus consecuencias; para eso están los espíritus tutelares, entre otros.

El hombre es un ser portador de un gran anhelo de belleza y de perfección. De ahí que las niñas digan que quieren ser bailarinas o modelos (el principio femenino: lo bello, lo tierno, lo amable), y los niños maquinistas de tren o pilotos de avión (el principio masculino: el poder, la organización, la lógica). Este programa de reparto de las aficiones con arreglo al sexo está anclado en la genética; la educación puede atenuarlo o reforzarlo, pero la inclinación originaria siempre queda ahí, lo mismo que los residuos arcaicos de nuestros instintos animales: destrozar la presa con las garras, hurgar en excrementos, copular a ciegas con la pareja que depara el azar, atormentar al más débil. También eso está dentro de nosotros y debe ser superado y sublimado.

Que no me vengan con el bienintencionado argumento de que es preciso vivirlo todo *una vez más*. Todos hemos pasado ya por eso, mis queridos congéneres, pero ahora somos humanos *ad imaginem Dei*, a imagen y semejanza de Dios. Deberíamos tratar de mostrarnos dignos.

No soy partidaria de la hipocresía ni de andar por el mundo con anteojeras. Pero ya se ha visto lo que se consigue con laxitud en la educación. Es necesario prestar atención a esos asuntos.

Disponemos, sin embargo, de una protección poderosa, que es nuestro superego. Él colabora con los espíritus tutelares y con las entidades superiores. Sabe lo que debe hacer en cada situación. El conflicto interno repercute en el organismo y así se explica la milenaria aparición de las más variadas enfermedades. Es inútil querer vencer a la leucemia y al sida. De nada nos ha valido nuestra victoria sobre la peste y el cólera. Sólo cambian los cuadros clínicos; el funesto desenlace final permanece.

Si es cierto que toda enfermedad se asienta sobre un terreno, sobre una predisposición, los brotes epidémicos como el del sida con sus terribles consecuencias deberían inducirnos a meditar. Me atrevo a afirmar que ningún individuo dotado de un aura sana contraerá el sida aunque conviva con un seropositivo. Aunque en realidad, será poco probable que entre en relación con una persona infectada.

Es inexcusable, por tanto, que cuidemos la armonía del aura, la consciencia superior, los chakras. De donde se desprende la necesidad de informarse acerca de estas cuestiones. Tal conocimiento es la base indispensable para una buena relación con los espíritus tutelares y otros de esferas aún más altas, y también para precavernos frente a las entidades inferiores que utilizan a los humanos para dar satisfacción a sus tendencias perversas.

Para empezar, practique el autocontrol, sin exceptuar el de la alimentación. En este aspecto la experiencia proporciona enseñanzas que podemos considerar ciertas e incontrovertibles. Todo el mundo sabe que no se puede vivir de café y bocadillos exclusivamente, que el organismo precisa una combinación óptimamente equilibrada de verdura, fruta, carne, huevos y azúcares como verdadero fundamento de la alimentación.

Quiero citar aquí un factor que no debe pasarse por alto, y es que el mismo organismo tiene la capacidad de distinguir las deficiencias y reclamar sus necesidades. Sepa *escuchar* lo que le dice su cuerpo. Todos sabemos que a veces «nos pide» una porción de chocolate o un solomillo bien jugoso y acompañado de unas patatas fritas. No repare en hacer caso, porque eso no es gula sino una necesidad natural. La gula interviene cuando las cantidades exceden la medida de lo normal, como si quisiéramos compensar con los placeres de la mesa una carencia de amor, de consideración o de éxito social.

Cuanto más cuidemos nuestra psique (pensar conscientemente es la clave, recordémoslo), más se beneficiará de paso nuestro organismo. El que se abandona debilita su aura y podría suceder que las entidades inferiores anidasen tratando de procurarse aquellas satisfacciones que se les niegan en su mundo inmaterial. Este género de posesión puede observarse en aquellas personas que consumen sin medida y de manera inconsciente lo que les perjudica, sobre todo las drogas y los estimulantes.

Casi nadie puede explicar por qué se abusa del tabaco y del alcohol; los adictos se comportan como posesos... y eso es, exactamente, lo que son. Sólo se remediarán si adquieren consciencia de su situación y mediante la reiterada imaginación de las condiciones ideales («no quiero beber/fumar tanto»); la perseverancia en el intento de implantarlas quizá conduzca a su estabilización. También esto entra en el dominio de la visualización óptima; nada repugna tanto al espíritu inmundo como una víctima que no deja de imaginar las condiciones ideales, invocando además la ayuda de su espíritu tutelar.

En líneas generales cabe afirmar que un cuerpo sano funciona mejor y, obviamente, se hallará en disposición más favorable para mantener contactos que el que apenas se mantiene a flote.

Interviene asimismo en esa temática la cuestión del sueño, que es el regenerador más eficaz que existe para el cuerpo y el alma. Si cultiva usted todas las mañanas y todas las noches la comunicación descrita en las páginas anteriores, todas las alteraciones del sueño desaparecerán. Al fin y al cabo el insomnio no es otra cosa sino miedo a caer en la inconsciencia o perderse algo importante.

El que cuenta con la segura protección y colaboración de su espíritu tutelar y el amor del Todopoderoso desconoce automáticamente factores tales como la angustia existencial, el miedo a la soledad, el desvalimiento, etc. Pero antes hay que abrir la mente en tal sentido y entrenarla, huyendo del camino fácil, que consiste en tener lástima de uno mismo y solicitar la compasión de los demás. El hombre es animal de costumbres, y lo malo es que se acostumbra a todo. También es un animal nostálgico.

A este fenómeno yo lo llamo en broma «el síndrome de la viuda». En efecto he observado a menudo que las viudas, pese a haber superado ya la fase aguda del luto e incluso después de haber encontrado una nueva pareja en su vida, suelen emprender excursiones mentales retrospectivas a esos meses de tristeza. Porque durante aquel periodo se acostumbraron a levantarse todos los días, sentarse a la mesa, tomar el café y acostarse alimentando pensamientos fúnebres; en algún momento su psiquismo asimiló ese ritual, el cual acabó por cobrar entidad independiente. Con el tiempo, seguimos rindiendo culto a esos ritos no se sabe por qué ni para quién.

Ocurre lo mismo en otros muchos aspectos de la vida, como la relación opresor-oprimido, el instinto de protección, el afán de protagonismo. Un ejemplo sencillo: la mujer que aun cuando haya muerto su canario sigue hablando con él y comprando el alpiste. De este no querer admitir la realidad surgen a veces las situaciones más grotescas.

He aconsejado durante muchos meses a una mujer que había padecido durante años la tiranía de un esposo alcohólico que la maltrataba. En una de sus frecuentes borracheras lo atropelló un coche y allí terminó su fracasada existencia.

Pues bien, se creería que una persona más o menos normal recibiría con cierto alivio ese avatar del destino. Pero no sucedió así en aquel caso. La mujer, que no tardó en emparejarse con otro hombre, un individuo muy equilibrado y tranquilo, acudió a aconsejarse porque, según ella, no se sentía realizada en la nueva relación.

Tardé casi cuatro meses en conseguir que admitiera:

a) Que las palizas de su primer marido habían despertado y satisfecho en ella una tendencia masoquista, hasta entonces latente en algún ignorado rincón de su psicología;

b) que la falta de agresividad de su segundo marido era una bendición del cielo y que

c) una vida conyugal sin intercambio de golpes muy bien podía considerarse realizada.

Este ejemplo es uno de entre los muchos que podrían aducirse para demostrar lo importante que es el pensar conscientemente, el cobrar consciencia de nosotros mismos.

Nos ahorraríamos muchos disgustos y mucho consumo de psicofármacos si aprendiéramos, desde la primera infancia, a disciplinar nuestros procesos mentales con ayuda de una consciencia orientada según las leyes y los preceptos de este tránsito terrenal, y segura de sus propósitos y función.

Lo de cobrar seguridad en uno mismo se allana mucho si tenemos presentes a los colaboradores que nos rodean y protegen, y si logramos escuchar sus voces dentro de nosotros. Ningún espíritu protector admitirá sin comentarios que le ocurra nada malo a su pupilo, y es seguro que tratará de intervenir o influir favorablemente sobre la desgraciada situación. Pero toda su influencia queda reducida a cero cuando es el mismo protegido quien se lanza con delectación al vicio que le perjudica.

Repitámoslo una vez más: llevamos dentro de nosotros la *imago dei*, la semejanza de Dios, y nuestros espíritus tutelares contribuyen poderosamente a despertar en nosotros el sentimiento de serlo. No nos opongamos a esa misión fructífera encerrándonos en esquemas mentales de orden inferior, por pereza mental y por indolencia.

En realidad el *cogito ergo sum*, pienso luego existo, lo dice todo. El gran filósofo francés Descartes basó todo su sistema en el argumento de que la idea de Dios como ser perfectísimo implica la máxima realidad como atributo de la perfección. Y muy superior a la realidad del yo humano, que no puede ser la causa de aquella idea, ya que entonces el efecto sería mayor que esa causa. Por tanto, el origen de ella debe ser exterior al yo y buscarse en el mismo Dios.

Con esto retornamos al dualismo del espíritu y la materia. En consecuencia debemos cuidar nuestra mente con tanto cuidado como el cuerpo, o más. Semejante filosofía de la vida, lejos de augurarnos mayor comodidad, supone una mayor exigencia, naturalmente, por la responsabilidad que nos impone frente a nosotros mismos y a los demás, incluyendo entre éstos a los espíritus tutelares.

En consecuencia, si somos un grupo o un equipo, obviamente la mentalidad negativa por nuestra parte sería un estorbo para las entidades que colaboran con nosotros. Somos deudores de un esfuerzo y no sólo de cara a nosotros mismos.

Si partimos de la base indudable de que somos la imagen de nuestro ángel tutelar encarnada en la Tierra, veremos que tal esfuerzo tiene una doble recompensa, ya que va a constituir el fundamento de una fructífera y consciente asociación con esa entidad que se nos asemeja, solidariamente unida a nosotros.

Estoy plenamente persuadida de que la colaboración efectiva sólo es posible cuando el humano adquiere el sentido de su propio valor en tanto que ser único y asume conscientemente su libre albedrío. Me doy cuenta de que repito mucho la palabra «consciente», pero es que su gran importancia me obliga a reiterar esa noción una y otra vez.

No crea el lector en ningún caso que después de la primera toma de contacto va a hallarse en manos de otro, cuyos consejos y directrices deba obedecer a ciegas. Nunca debe olvidar que usted es un individuo autónomo y tiene mucho que decir en presencia de las entidades que le acompañan. Su ángel de la guarda, sus espíritus tutelares, lo saben. Jamás pretenderán imponerle normas ni verdades «empaquetadas para llevar». No están ahí para ahorrarle el trabajo a usted, sino para ayudar, y tenga presente que la ayuda no siempre se reduce al terreno espiritual.

Por algo venimos al mundo encarnados en un cuerpo. Sería necedad e ignorancia negarle a ese cuerpo las atenciones que le corresponden. La Tierra es algo más que un valle de lágrimas y no nacemos sólo para sufrir toda la vida. Nuestro cuerpo ha de servirnos para experimentar el placer, para vivir alegrías y disfrutar de la existencia.

El cantautor Konstantin Wecker ha dicho con razón «no dejéis que los tristes se acerquen a mí». Yo soy más severa en esto, y digo que un individuo que no sabe disfrutar es como una cadena con bola para su ángel y un castigo para quienes le rodean en el mundo material.

Gran error el que consiste en creer que la mortificación del cuerpo es la única vía hacia la iluminación y la salvación. Indudablemente, siempre han existido y existirán personas que prefieren, por las razones que sea, el camino del total renunciamiento. Sin embargo, no es lo normal. El mejor ejemplo nos lo da el mismo Jesús, quien asumió consecuente su destino hasta el Gólgota; pero al mismo tiempo procuró que no faltasen panes, peces y vino, y desde luego sabía agradecer que le ungiese los pies una mujer hermosa.

A cada uno le corresponde hallar su propio punto de equilibrio. Así pues, no permita que nadie le diga que no debe comer otra cosa sino cereales preparados, y beber infusiones de hierbas, ni que la sexualidad sea un instinto bajo que deba reprimirse y a cuya satisfacción, en último término, sea preciso renunciar. A mí las personas que tal predican me parecen tan dudosas y confusas como sus mismas tesis.

No digo que no haya constituciones a las que conviene más el prescindir de las carnes en su alimentación y el abstenerse por completo del alcohol. Sólo de usted depende si quiere seguir o no esos ejemplos. Lo que no admito es el fanatismo, la pretensión de que todo el mundo viva como ellos. «Sobre gustos no hay disputas» y «vive y deja vivir» me parecen principios mucho más aceptables.

Si uno tiene apego a la costumbre de tomar una copa antes de cenar, no veo que sea preciso suprimirla para llegar a la iluminación espiritual. No se trata de negar las amenidades de este mundo, sino de *aprender a usarlas* correctamente. Ésa fue una de las primeras enséñanzas de mi maestro tutelar, y tal como lo dijo lo retransmito.

En el capítulo siguiente y final de este libro explicaré los medios materiales que puede usar usted para ponerse en contacto con su espíritu protector.

Es un sistema que a mí personalmente me parece más difícil y complicado que la sencilla disciplina de escuchar y sentir dentro de uno mismo. Como no quiero omitir nada, sin embargo, estudiaremos esas técnicas, aunque yo no las utilizo sino muy raras veces y sólo en los periodos de graves dudas y falta de confianza en mí misma.

A los principiantes debo advertirles, en relación con tales técnicas, que:

1) todo depende de la práctica,
2) todo depende de la fe,
3) todo depende del espíritu crítico y la confianza en sí mismo, y que
4) no se trata de ningún juego de sociedad; el que se aventure a jugar se verá convertido a su vez en juguete.

Porque, como he dicho en más de una ocasión, cuando el canal se abre, se abre a todo. Y siempre cosechamos de lo que hemos sembrado.

En los comienzos, y aun después, observará usted la presencia intempestiva de espíritus burlones y maliciosos. No obstante, y si me ha seguido bien hasta aquí, usted sabrá descubrirlos y defenderse. Además esos intrusos no tardarán en desanimarse y desentenderse, una vez hayan comprobado que usted no abdica de su integridad espiritual y observa con exactitud todos los preparativos.

Debo adelantar aquí que las consultas formuladas a los del más allá nunca deben aludir a plazos ni fechas, ya que nuestra cronología no tiene para ellos ningún sentido. De tal manera que, si preguntamos cuándo sucederá tal o cual cosa que esperamos, es posible que se nos responda «pronto». Lo cual significa que puede ocurrir mañana, o dentro de siete años; eso sí, podemos estar seguros de que *ocurrirá*. Si nos preocupa algún asunto urgente y que deba resolverse en seguida, será mejor darlo a entender con toda claridad, como me pasó a mí con el caso del armario rústico.

Tampoco debemos impacientarnos si vemos que nuestros espíritus protectores manifiestan poco interés hacia los apuros de dinero. Así pues, si observamos la disposición favorable de nuestro protector, lo mejor será expresarle sin rodeos por qué es importante para nosotros y qué clase de intervención le solicitamos.

Obviamente no es cuestión de molestar a los espíritus protectores para que nos anticipen los números de la loto o los resultados de la quiniela, salvo si ellos manifiestan un interés espontáneo. Lo cual ocurre algunas veces; entre mis conocidos del «otro lado» cuento con un aficionado al tenis que disfruta prediciendo los resultados de los encuentros, ¡y esto a mí,

que me importan los deportes menos que el mecanis-
mo interno de una aspiradora a pilas!

Dicho sea de paso, si nuestros ases del deporte su-
pieran hasta qué punto las intervenciones de los del
«más allá» condicionan sus actividades, procurarían
mantener actitudes y líneas de conducta muy diferen-
tes de las que exhiben. Tengo entendido, sin embargo,
que algunas directivas y algunos entrenadores han
empezado a comprender que se necesita algo más que
un buen *drive* y una excelente preparación física para
formar campeones.

Canchas deportivas aparte, voy a mencionar una
de las cuestiones que se me plantean más a menudo
en lo que concierne al trato de los ángeles: ¿cómo hay
que hablarles? No hay más que una sola respuesta:
normalmente, pero con respeto y con cariño. Conviene
recordar que estas entidades más próximas a nosotros
son ángeles. Ellos conocen nuestros pensamientos,
sentimientos, proyectos, amores y desamores mejor
que el amigo más íntimo, o el cónyuge. Por tanto, carecería de sentido el tratar de disimular o embellecer
algo, y no digamos mentir. Al contrario, tales compor-
tamientos afectan negativamente a la intensidad del
contacto.

También se me pregunta muchas veces si hay momentos más favorables para establecer comunicaciones con los espíritus tutelares. A esto he contestado
siempre que «todos y ninguno». No ignoro que muchos recomiendan especialmente la hora de la muerte
de Jesús, es decir las 15.00, pero según mi experiencia, cuando el contacto es fluido no tiene por qué de-
pender de ningún convenio especial en cuanto a momentos propicios.

Siempre ateniéndome a mi propia experiencia, yo

solía anunciar previamente la hora de la sesión y procuraba cumplir con toda puntualidad, hasta que me di cuenta de que mis espíritus tutelares no precisaban de citas, sino que estaban siempre disponibles para mí.

La única incompatibilidad verdadera para un buen contacto son las prisas y la precipitación. El *rapport* con el ángel guardián requiere una atmósfera de calma y tranquilidad así exterior como interior. Si alguna vez nos vemos en la necesidad de tomar una decisión inmediata en situación de apuro o nerviosismo que no consiente una escucha serena de nuestro fuero interno, entonces sí recomiendo el recurso a los medios materiales, es decir a los elementos mediadores que más adelante describiré.

Por mi parte, en tales casos prefiero trabajar exclusivamente con las piedras rúnicas, que para mí se han evidenciado como un elemento mediador de absoluta confianza. Incluso *en medio* de una negociación difícil he podido recibir así, sacando una piedra al azar, indicaciones importantes. Para ello, naturalmente, hay que conocer a fondo las runas, entender su doble sentido y desarrollar la intuición que nos dicta cuándo una piedra «quiere acudir» a nuestra mano. Bien entendido que se trata de operaciones que se desarrollan en el subconsciente y sirven exclusivamente para despejar la confusión mental del momento.

Cuando se logra por primera vez una comunicación clara y consciente se disfruta una extraordinaria sensación de euforia. Y es que la relación con las entidades superiores puede transmitir energías tremendas. En mi caso, muchas veces he establecido contactos cuando empezaba a sentir los primeros e inconfundibles síntomas de una gripe, por ejemplo, y pocas horas después me daba cuenta de que todas las molestias habían desaparecido. El agotamiento, las depresiones, las angustias, las preocupaciones agobiantes, muchas veces se neutralizan gracias a la ayuda de los espíritus tutelares, o se convierten en el sentimiento contrario. A mí me parece que éste es uno de los fenómenos más positivos de la comunicación eficaz con el más allá.

Una vez conozcamos el poderoso impacto de esa inyección de energía sobre la psiquis comprenderemos fácilmente lo que por desgracia no puedo omitir aquí, y es que también se dan los contactos de signo negativo. Como ya he mencionado, al abrirse el canal hacia el otro lado queda abierto para todo y lo que suceda entonces sólo depende de nosotros; es preciso aguzar los sentidos y la capacidad de percepción para hallarnos en condiciones de seleccionar.

En el más allá existen no pocas entidades, algunas muy próximas a la Tierra y otras que actúan en esferas más alejadas, de quienes podríamos decir que no tienen otra intención sino la de atormentar a los humanos por esa vía. Pero las dominaremos con facilidad si conocemos las reglas del juego. Más adelante, cuando intervenga la experiencia, sabremos distinguir el temperamento de las que están a nuestro favor.

Naturalmente, el canal también permite comunicar con otras entidades que son benevolentes, aunque no se hallen exclusivamente dedicadas a nuestra custodia. Es ahí donde interviene, precisamente, el criterio selectivo al que acabo de referirme. No querría entrar en el capítulo propiamente técnico de este libro sin hacer hincapié en el importante papel que corresponde al poder de la palabra.

«Toda palabra que sale de nuestros labios adquiere

un poder propio e independiente de nosotros», dice Tiresias, el vidente ciego, al rey Edipo que busca la verdad por más cruel que pueda resultarle. Nada hay más cierto. Procuremos evitar en lo sucesivo, por tanto, aquellas frases, aquellas palabras susceptibles de perjudicar a nuestra energía destruyendo el aura. Sobre todo, las manifestaciones del pesimismo banal: «¿Quién soy yo para que nadie se ocupe de mí?» «¿Quién me necesita?» «Soy un necio.» «Esto no puedo hacerlo.» «Por favor, no me tome en serio.» O como cuando contestamos a una manifestación de importancia: «No tiene importancia».

Suprima de su conversación habitual estas y parecidas declaraciones de falsa modestia. También eso es necesario para cobrar consciencia de nosotros mismos. Usted vale. Usted merece la consideración, la atención, el cariño de otras personas, y si alguien le da las gracias será porque ha recibido de usted algo importante. En consecuencia, conteste diciendo: «Gracias a usted. Ha sido un placer para mí».

Otro abuso frecuente de la palabra son las blasfemias y maldiciones. Evitemos la frecuentación de los que dicen cosas negativas y así destruyen la energía del campo que nos rodea. Y por encima de todo, abstengámonos del empleo inconsciente de aquellos términos que se refieren a lo más sagrado: Dios, Jesús, la Virgen, los sacramentos y demás combinaciones de vocales y consonantes que remiten a las esferas superiores. El uso de estos términos nunca es indiferente en cuanto a sus efectos. Dichos en un arrebato de cólera o de rencor, funcionan como un bumerang mal lanzado y la herida que nos infligiremos siempre será más grave que un simple chichón. En este sentido hay que ejercer un estricto autocontrol.

Cuando empiece a frecuentar sus comunicaciones notará un cambio sutil alrededor. Es la consecuencia lógica de la toma de conciencia. Van a ocurrir muchas cosas que le demandarán una total seguridad en sí mismo. Debe confiar en el signo positivo del resultado. Esa convicción le dotará de una firmeza inconmovible.

Así pues, y antes de lanzarnos al estudio de los detalles técnicos, recordemos al viejo Horacio cuando escribió: *Odi profanum vulgus et arceo,* lo que, en traducción muy libre, significa que debemos observar la mayor reserva frente a los no iniciados. El que habla no sabe, y el que sabe no habla. En la práctica, esto significa que puede usted disfrutar la compañía de sus espíritus tutelares, pero sin hablar de ello con cualquiera. Algunas personas, cuyo espíritu no ha alcanzado todavía un grado de elevación suficiente, podrían sentirse abrumadas por las informaciones de usted. De donde resultarían dificultades, perfectamente evitables mediante el uso de la discreción. No van a faltarle espíritus gemelos con quienes podrá usted franquearse e intercambiar experiencias y orientaciones. Pero sólo con quienes se hallen verdaderamente a la altura.

Capítulo 3

La técnica

A fin de desempeñarnos correctamente con los tres factores principales que vamos a manejar –a saber, el sonido, la luz y el color–, es necesario que conozcamos los centros energéticos del organismo, los llamados chakras. Esta palabra significa rueda o cosa que gira, y proviene del sánscrito, antiquísima lengua precristiana que utilizaban los sacerdotes y los sabios de la India. El ser humano tiene siete chakras, que son centros de energía vibracional pura.

En el decurso de mis conferencias he podido constatar repetidamente que mis oyentes o no tenían ni la menor idea acerca de los chakras o bien creían que se trataba de localizaciones anatómicas, lo cual es un error. Los chakras son centros de energía de nuestro cuerpo etérico, cuya irradiación recibe el nombre de aura (palabra latina que significa aire o aliento).

Este cuerpo etérico rodea a manera de manto el cuerpo físico y en él reside la consciencia divina, como asimismo la energía cósmica. La realidad física de esta irradiación de energía por parte del cuerpo etérico ha sido corroborada mediante la verografía, procedimiento fotográfico especial que también suele designarse por el apellido de sus inventores, Semión y Valentina Kirlian.

En el caso ideal de su funcionamiento perfecto, los chakras son estaciones acumuladoras y retransmisoras de la energía, que reciben y difunden a todas las regiones del organismo. En los individuos de espiritualidad desarrollada, los chakras son también los centros receptores y emisores que intervienen en los contactos con otras entidades. Se comprende, por tanto, la importancia del sistema chákrico para las comunicaciones con nuestros espíritus tutelares. La armonización de estos siete centros es primordial para lo que concierne a las relaciones con ellos.

Cada uno de nuestros siete chakras se caracteriza por una frecuencia vibratoria propia, y equiparable a las frecuencias de las notas en la escala musical. Por eso la música tiene capacidad para excitar o relajar nuestro espíritu. Cada chakra es además sensible a un determinado color con el que sintoniza, y cuyos efectos sobre el organismo pueden conocerse gracias a la teoría de los colores. Todos recordamos, por ejemplo, el efecto excitante del rojo utilizado para las señales de advertencia, así como la sensación tranquilizante que produce el azul del cielo crepuscular.

Doy seguidamente, aunque en forma muy resumida, una relación de los siete chakras principales y sus funciones.

El *primer chakra* recibe también el nombre de chakra raíz. Su acción se localiza en la base de la columna vertebral y su color correspondiente es el rojo. En el plano auditivo su frecuencia corresponde a la nota *do*. Es el centro que controla el bienestar corporal (la energía vital), la curación, el poder material y la influencia sobre otras personas a través de la energía sexual.

El *segundo chakra* se asocia tradicionalmente con el bazo; su campo de acción se sitúa algunos centímetros por debajo del ombligo. El color correspondiente es el anaranjado y la frecuencia que se le asigna, la de la nota *re*. De la armonía de este centro dependen la calidad del intelecto, la claridad espiritual y las facultades lógicas. En un sentido más amplio, se vinculan con este chakra los aspectos relativos a la excreción y a la higiene.

El *tercer chakra* corresponde al plexo solar, campo de acción localizado varios centímetros por encima del ombligo. Le corresponden el color amarillo y la frecuencia de la nota *mi*. Este centro nutre la seguridad en uno mismo, la intuición, las facultades generales de la sensibilidad, y asiste en la sublimación de lo ordinario y material hacia lo mental y espiritual.

El *cuarto chakra* es el del corazón, y su campo de acción se halla próximo al extremo inferior del esternón. Le corresponden la luz de color verde y la frecuencia de la nota *fa*. Las vibraciones de este centro determinan la capacidad de amar (dar/recibir), el desarrollo personal, la riqueza y el bienestar (en sentido intelectual y espiritual). Es el chakra de la alegría de vivir y también el que rige los contactos con el más allá, en colaboración con el centro del plexo solar.

El *quinto chakra* se vincula con la garganta y su campo de acción es la región cervical. Guarda correspondencia con la luz azul y con la nota *sol*. Es el origen del sonido, de la comunicación hablada y, por tanto, de las energías creadoras, por cuyo motivo también guarda relación con la capacidad de sanar.

El *sexto chakra* corresponde a la frente y recibe también el nombre de «tercer ojo». Su campo de acción se sitúa en el entrecejo, a la altura de los ojos. Le corresponde el color azul índigo y su frecuencia es la de la nota *la*. Todas las nociones del mundo espiritual pasan por este centro, en el que tienen su base las facultades psíquicas superiores del ser humano.

El *séptimo chakra*, llamado corona, radica en la parte más alta del cráneo y su campo de acción es la fontanela principal, anatómicamente abierta en el recién nacido. El color correspondiente es el violeta y el sonido, el de la nota *si*. Por medio de este centro podemos alcanzar la unión absoluta con la energía cósmica o prana, la unidad con el Ser divino y el entendimiento del Todo Uno.

Son éstos los siete centros principales, aunque existen además numerosos centros secundarios, que no vamos a detallar aquí, por cuanto responden a relaciones de un orden auxiliar y subordinado con respecto a las potencias del más allá.

El objetivo que nos hemos propuesto es el de una armonización global de nuestras energías, de manera que favorezca y apoye nuestros experimentos de comunicación. Antes de emprender el trabajo con los chakras es necesario familiarizarse a fondo con el ritual de la luz hasta dominarlo sin dificultad. Hay que saber visualizar la luz cósmica y dirigir su flujo, en líneas generales, antes de abordar operaciones más diferenciadas con la luz y el color.

En primer lugar elegiremos una postura confortable. Que nadie pretenda convencerle de que debe operar en la postura del loto y sufrir con las rodillas incómodamente dobladas. Ocurre con las actitudes de los ejercicios lo mismo que con las comidas; conviene que cada uno se administre con arreglo a sus propias necesidades.

Tarde o temprano llegará el día en que esa postura

del loto se convertirá en una necesidad sentida, y quizá desee pasar a la práctica de la meditación zen. Para empezar, no obstante, puede sentarse o tumbarse como prefiera. No ponga música del género especial para la meditación, y eso no lo digo porque tenga nada en contra de la música, sino porque, suponiendo que casualmente haya adquirido la casete con una pieza escrita en la clave de sol mayor, por ejemplo, va a experimentar no poca dificultad si lo que se proponía era armonizar su chakra fundamental, que precisaba la tonalidad de do.

Lo esencial, de momento: una estancia bien caldeada e insonorizada, que permita el recogimiento interior. Entrar conscientemente en contacto con la tierra, tomar fundamento, acogerse a la protección de las fuerzas telúricas.

Y ahora comenzará usted a respirar. Bien entendido que nunca dejamos de respirar, pero ahora se trata de enviar el aliento a todas las partes del cuerpo, hasta el dedo gordo del pie. Practíquelo como si fuese un juego, fijándose en cualquier punto del organismo para llenarlo de aire. Cuando haya adquirido el dominio de este ejercicio, propóngase llenar todo el cuerpo: el tórax, la pelvis, las piernas, la nuca, la cabeza, se llenarán al inhalar (yang) y se vaciarán al exhalar (yin).

Procure no agarrotarse al inhalar; aquí no se trata de inspirar mucho sino de hacerlo conscientemente. Entréguese con placer a esta operación hasta alcanzar la sensación de que no necesita hacer nada. «Se respira», sencillamente. Llegado a este punto podrá empezar a colorear el aire que respira.

En algunos manuales del sistema chákrico se pretende que el lector opere con los colores más extravagantes, por ejemplo un amarillo brillante para el primer chakra y un color azul medio como correspondencia del segundo chakra. Por mi parte, si se trata de aconsejar a un principiante prefiero recomendar los colores tradicionalmente asignados, que son los que cito en la relación de las páginas anteriores. Eso sí, añadiéndoles un matiz de luz dorada.

Visualice usted, por consiguiente, su centro raíz y llénelo, por medio de la respiración, empleando para ello una luz roja dorada. ¿Nota usted cómo entra en calor su abdomen y cómo irradia hacia los muslos hasta llegar incluso a los pies? Imagine la propagación del calor a partir del centro más o menos como un globo que se infla cada vez más.

Cuando se haya llenado el primer chakra, déjelo lleno de color y comience a formar, derivándolo de éste, el color que corresponde al segundo chakra, el cual será de un bello oro anaranjado. Advierta cómo empieza a vibrar agradablemente su vientre y note la expansión de la pelvis y cómo se intensifica el anaranjado dorado con cada inspiración.

Cambie ahora la escala del color al amarillo y transmita al plexo solar el brillo solar más esplendoroso que consiga imaginar. Si lo hace correctamente, sentirá apetito al término del ejercicio. Su estómago se ha relajado. Un cinturón de calor y bienestar acaricia el centro de su cuerpo. El Todo-Uno respira a través de usted. Nada malo podría ocurrir ahora. Todo está en orden; todo es perfecto.

Sus tres chakras fundamentales están vibrando en un acorde de colores saturados. Deje que el oro fluya de abajo arriba hasta que se desprenda del amarillo asociado al plexo solar y pase a llenar el chakra cordial, donde se convertirá en un verde claro. Las costillas se dilatan, el latido del corazón se intensifica y adquiere un ritmo más regular. Usted nota en ambos hombros la corriente cálida de color verde dorado.

La respiración fluye a través de la garganta, cálida y regular, y precisamente ahí dejamos que suba el verde dorado y se transforme en un bellísimo azul. Aumenta la secreción salivar y experimentamos un agradable tirón en la nuca. Un calorcillo recubre nuestro semblante y se acumula por último en el sexto chakra, entre los ojos.

El azul del centro cervical sube por la faringe y pasando por la nariz hasta el tercer ojo, en donde se transforma en un índigo intenso. Quizá no lo consiga la primera vez, pero al cabo de un mes de práctica será capaz de visualizar ese azul índigo cerrando los ojos. Extraiga ahora el oro de arriba abajo y hacia la frente, notando cómo vibran en armonía todos los chakras y cómo el oro lo purifica todo, lo une, lo intensifica, lo sana, lo libera y se confunde con el azul índigo del tercer ojo, subiendo luego hasta la cima del cráneo y acumulándose allí como violeta saturado.

Note usted cómo se despeja su cerebro, cómo el violeta se hace cada vez más intenso y vira hacia el rojo. Despídalo hacia arriba como una lengua de fuego. Dígase a sí mismo: «Soy la armonía perfecta, soy una parte de la vibración divina. Soy todo amor y entrega. Estoy dispuesto».

Si es verdad que ha progresado hasta ese punto, entonces oirá. Escuche sin miedo y sin reservas mentales. Su espíritu protector le ama y no esperaba sino este momento. Escúchele con alegría y gratitud.

Así son los ejercicios chákricos para los dotados e iniciados, pero sería preciso un verdadero ataque de amnesia para olvidar lo fácil que parece todo sobre el papel, y lo difícil que resulta para el principiante el interpretar estas cosas.

Una vez expuse estos ejercicios ante los clientes de un balneario, unas treinta personas, y cuál no fue mi decepción al darme cuenta de que sólo dos, de entre mis oyentes, habían conseguido realizar las visualizaciones que yo les había explicado. Me pareció que les había exigido demasiado y, muy atribulada, solicité su ayuda a «los de arriba». Lo que «se me ocurrió» entonces sirvió para convertir el cursillo en un éxito absoluto.

Se repartieron vasos de refrescos entre los cursillistas, correspondiéndole siete a cada uno:

Primero: zumo de naranjas sanguinas.
Segundo: zumo de naranja corriente.
Tercero: zumo de naranja con agua mineral.
Cuarto: limonada.
Quinto: zumo de arándanos rebajado con agua.
Sexto: zumo de arándanos con limón.
Séptimo: zumo de guindas agrias con limón.

Así que nos bebimos los colores de los chakras, y lo sincronizamos con los ejercicios para potenciar su efecto. Inténtelo usted, pero sin descuidar la respiración, y no se impaciente si no consigue la primera vez lo que deseaba.

Al principio no resulta fácil obtener las vibraciones que van a hacer posibles los contactos. Se necesita una gran confianza para poder decir auténticamente «estoy dispuesto», además de humildad y paciencia. Pero recuerde que su alegría será tanto mayor, cuando por fin coseche los primeros resultados.

Al principio es posible que sólo capte un zumbido, o como un rumor distante. Algunos dicen escuchar un silbido agudo. En líneas generales cabe afirmar que la inauguración es una experiencia totalmente personal e individual. Sea como fuere, llegará el día en que escuchará con claridad una voz mental distinta de la propia, y que se distinguirá sobre todo por su entonación tranquila, bondadosa y agradable. En caso de que percibamos algún matiz desagradable, cualquiera que sea, diga usted con serenidad: «Vuelve con los tuyos en nombre del Padre, y del Hijo, y del Espíritu Santo».

Lo repito otra vez porque es importante: estos ejercicios abren un canal hacia «arriba» que como todo canal: *a)* se puede recorrer en ambas direcciones, y *b)* es de libre paso para todos. En la oportunidad, a usted le corresponde el determinar a quién va a dar la bienvenida y a quién no.

Si ofrece usted una base profunda de amor y unidad con lo divino, sus tutores no tendrán ninguna dificultad en responder a las peticiones de comunicación, y evitará, al mismo tiempo, presencias indeseables.

El sistema

El propósito de dar publicidad a rituales eficientes de la magia ceremonial implica sobre todo una cosa: responsabilidad.

He dudado mucho y he deliberado conmigo misma acerca de si debía asumir esa responsabilidad. El razonamiento que me induce a hacerlo es el siguiente: Cuando éramos niños, nuestros mayores procuraron que no entrásemos demasiado pronto en contacto con objetos tales como los tenedores, los cuchillos, las tijeras y los fogones. Tarde o temprano, sin embargo, llegó el momento de aprender a usarlos y todos nos hemos pinchado, nos hemos cortado, nos hemos quemado. Hoy manejamos esos útiles y esos elementos sin dificultad. Hemos aprendido.

Lo mismo sucede con los sistemas que explicaré aquí. Somos adultos y podemos entender lo que está en juego.

Sabemos que el cuchillo sirve para cortar la rebanada del pan cotidiano y que también puede servir para matar a una persona. A nosotros nos corresponde el mantenernos dentro de los límites. En este libro hemos aludido con frecuencia a las consecuencias, las obligaciones y las responsabilidades que derivan de la comunicación consciente con las entidades no materiales.

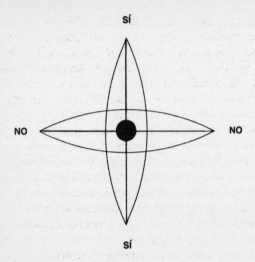

SÍ

NO

NO

SÍ

Fig. 2. Sí y No.

Quiero advertir también que no hay posible renuncia para quien se haya aventurado por primera vez en los dominios de lo sagrado. Por tanto, si ahora mismo le embarga una sensación de temor o de inseguridad, por leve que sea, le aconsejo que interrumpa en seguida la lectura. La madurez sobrevendrá cuando se cumpla su hora.

A los que se consideren preparados voy a exponerles el sistema en el que fui iniciada por aquella pareja holandesa.

Necesitarán dos listones de madera de unos cincuenta centímetros de longitud y cuatro por uno en sección, a ser posible de balsa u otra madera de poco peso. Superpondremos los dos listones y clavaremos en el centro un clavo dejando que sobresalga unos cinco centímetros. Luego los abriremos en forma de cruz

112

y tomando un papel de unos cincuenta por sesenta centímetros, escribiremos en la esquina superior izquierda la palabra «no», en el ángulo superior derecho la palabra «sí», y en medio de éstas la frase «bienvenidos en nombre de Dios». Debajo, en cuatro líneas y de izquierda a derecha, escribiremos las letras del alfabeto sin olvidar las compuestas *ll* y *ch;* en una quinta línea añadiremos las cifras del cero al nueve. Procure rotular bien las letras y cifras, caligrafiándolas todas del mismo tamaño. El objeto que estamos fabricando es una *planchette* o *ouija board.* Pueden adquirirse comercialmente, pero la experiencia me ha enseñado que son más eficaces cuando los construye uno personalmente, en cuyo proceso absorben las vibraciones de su propietario.

A continuación deberemos procurarnos un paño de color violeta y de dimensiones suficientes para envolver nuestra *planchette* formando un rollo que guardaremos en lugar adecuado y que no debe ser tocado por ninguna otra persona.

Ha llegado el momento de buscar un secundario, una persona de confianza. Podría ocurrir, naturalmente, que este auxiliar se revelase como director de sesión más idóneo. Esto se verá a partir de la primera *séance,* pero de momento nuestro propósito consistirá en hallar a alguien que pueda ayudarnos a realizar las comunicaciones. No se precipite. Espere a descubrir en el círculo de sus conocidos a una persona consciente de la trascendencia de estas ceremonias y de madurez espiritual por lo menos igual a la de usted. Que la curiosidad no le haga caer en el error de revelar sus actividades a personas indignas. Una vez hallado el ayudante digno de su confianza, fijarán la hora del primer intento, preferiblemente al anochecer.

113

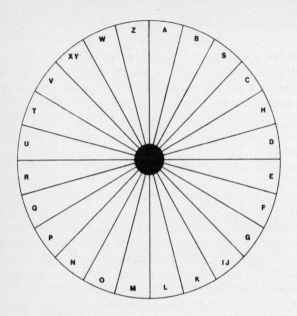

Fig. 3. Planchette de letras.

A esta hora la vibración ambiente es más tranquila, lo cual favorecerá indudablemente nuestras intenciones. Elegiremos una estancia en donde nos hallemos seguros de no ser molestados, y de la que deben estar ausentes el teléfono, el televisor y desde luego cualquier electrodoméstico o aparato eléctrico grande.

Para posicionar correctamente la *planchette* se necesitará una mesa de tamaño suficiente, a ser posible de madera. Procure que desde una hora antes de la sesión, por lo menos, no entre ninguna persona ajena en la estancia que se va a utilizar. Ventile a fondo y, seguidamente, alumbre varias velas blancas repartidas

114

por la habitación. Procúrese algunas varillas de incienso, pero, por favor, úselas con moderación. He asistido a sesiones tan cargadas de humo que los participantes apenas podían verse las caras, ni hablar por culpa de la tos. Se trata sólo de ambientar con un leve aroma. El incienso auténtico, que sería lo mejor, no se encuentra fácilmente, pero puede intentarlo en comercios de artículos de la India o tiendas esotéricas especializadas.

También me consta que muchos prefieren para sus *séances* una «penumbra mística». A mí me gusta más una habitación clara, despejada y limpia, y así lo recomiendo.

Cubra primero la mesa con el paño violeta y extienda sobre éste su tabla alfanumérica. Procure hacerse con dos sillas cómodas. Si alguna vez llega a convertirse en un «profesional», le interesará tener unos reclinatorios de los de rodilla y asiento; este mueble especial relaja enormemente la columna vertebral facilitando el libre flujo de las energías, detalle en cuya importancia no será preciso insistir después de cuanto queda dicho.

Si ya es difícil hallar un ayudante idóneo, todavía lo es más la selección de la tercera persona que vamos a necesitar para que tome nota de cuanto suceda. Deseo a mis lectores mucha suerte en esa búsqueda, aunque les anticipo que muy posiblemente deberán conformarse con una grabadora, o bien fiarlo todo a su excelente memoria.

Cuando haga acto de presencia su ayudante, dedique un rato a la charla, a tomar un vaso de agua, un zumo (nada de alcohol, ni de tabaco, por favor) o una tacita de té. Hablen de cosas agradables; cuanto más amable y relajada la atmósfera, mayores son sus posibilidades.

115

Tan pronto como tenga la sensación de que «todo está en orden», pasarán a ocupar sus lugares enfrentados en la mesa, de manera que usted vea la *planchette* del derecho y su ayudante del revés. Enlacen ambas manos y reciten simultáneamente el Padrenuestro. Concluida la oración permanecerán unos momentos en la misma postura, durante la cual visualizará usted la luz dorada que envuelve a su compañero.

Tome ahora la cruz de madera. Usted y su ayudante apoyarán los dedos índices derecho e izquierdo en los correspondientes extremos, pero *sin retener* la madera. El clavo debe flotar como unos dos centímetros sobre el centro de la *planchette*. Los brazos *no* se apoyarán en la mesa.

Al principio seguramente notarán dolor de espalda, que se remedia en seguida con la respiración correcta que he descrito anteriormente. Pero si persiste el dolor y llega a hacerse verdaderamente molesto, ello indica que debe cesar sin demora la sesión.

Si todo va bien, procederemos a la invocación de nuestro espíritu protector. Daremos nuestro nombre y expresaremos nuestra disposición y ánimo alegre. Es probable que el primer signo de la comunicación se manifieste como un temblor o desplazamiento de la cruz; en la situación ideal, usted tendrá la sensación de que su compañero está moviendo la madera en determinado sentido. Procure acompañar el movimiento poniendo en ello la mayor sensibilidad posible.

En las sesiones iniciales se procede exclusivamente por «sí» o por «no». Cuando la práctica haya desarrollado la percepción de las sutiles tracciones y presiones que actúan sobre las manos, podremos dirigir la atención a los movimientos del puntero que, situándose sucesivamente sobre las distintas letras, llegarán a formar palabras y frases con sentido.

Mantenga una actitud de serenidad y paciencia. Si llega a tener la sensación de la presencia de «alguien», pregúntele su nombre sin titubeos y, si es posible, intente precisar con el «sí» y el «no» el rango y la función de la entidad presente. No caiga en la tentación de formular preguntas absurdas a modo de «chequeo»; no es cuestión de ofender a las entidades que quieren comunicar con nosotros con temas como «¿dónde estuve de vacaciones el último verano?» o «¿cómo se llama mi gato?» (ocurre algunas veces, por desgracia).

Pregunte únicamente lo que desea saber o cómo podría mejorar en algo. Cancele al instante la sesión cuando alguien diga «soy Dios», o Satanás, o Napoleón, o César. Una contestación de este género sugiere que la sesión no está saliendo con arreglo a nuestras intenciones; convendrá aguardar otra oportunidad más favorable, y seguir trabajando en nuestro perfeccionamiento personal mientras tanto.

En el decurso de estas sesiones puede suceder también que se haga presente algún familiar difunto. No aceptaremos estas comunicaciones, excepto cuando ellas susciten en nosotros sentimientos de tranquilidad y de amor exclusivamente. Por mucho que quisiera usted a su abuelita en vida, si la comunicación se produce de una manera errática o confusa también indica la necesidad de poner fin al diálogo con una despedida cordial, pero sin omitir la clara invitación a retirarse.

Las primeras sesiones no deben durar en ningún caso más de una hora, o casi preferiría decir treinta minutos. Hay que adquirir práctica en la manipulación de estas energías. Una vez hayamos aprendido a dominarlas podremos abordar sesiones largas sin sufrir ningún inconveniente; al contrario, cuando concluya la *séance* nos sentiremos como una batería recién recargada.

Muchas veces, después de una sesión lograda, me he sentido capaz de pasar largas temporadas con un mínimo de sueño y manteniendo un aspecto radiante. Así debe suceder siempre; el menor síntoma de fatiga o de abatimiento es indicación de que algo no ha funcionado como convenía. Es posible que nuestro acompañante no sea la persona más indicada, o nuestra propia disposición tal vez no era la idónea.

Una vez más: ¡paciencia! No se desanime, y no descuide ninguna oportunidad de establecer una comunicación favorable. Soy partidaria de preparar las sesiones anotando por escrito las preguntas correspondientes a nuestra intención, porque muchas veces, cuando se logra el contacto, la sorpresa es tan grande que la mente queda como en blanco.

Formulada una pregunta, si la respuesta no es la que usted deseaba, no insista. Espere al término de la sesión y relea luego las contestaciones. Se observa con frecuencia que las manifestaciones ambiguas o ininteligibles revelan su sentido tras un estudio cuidadoso.

Cuando nuestro interlocutor quiera despedirse, dejemos que lo haga. Los contactos demandan grandes cantidades de energía por ambas partes, y «los del más allá» saben juzgar mejor que nosotros cuándo hay que poner fin a un diálogo. Manifestemos nuestro agradecimiento y clausuremos la sesión con un Padrenuestro, tal como la habíamos comenzado.

Cuando el sistema funciona se inauguran posibilidades auténticamente increíbles. A nosotros nos toca el saber distinguirlas.

Algún día le pasará exactamente lo que me ha ocurrido a mí en ocasiones, y es que se necesita (literalmente) una respuesta y no disponemos en ese momento de ningún ayudante.

Así sucedió el día que Immy Schell me preguntó lo que solía preguntarle su difunto esposo toda las veces que regresaban en automóvil a Viena. El problema se me planteó a hora bastante intempestiva de la noche y me «pilló» bastante desprevenida. Pero, como no quería confesarme derrotada, se me ocurrió la solución siguiente, la más útil para las situaciones en que nos hallamos a solas: la consulta por medio del péndulo.

No tenía entonces la práctica que poseo ahora, y por eso tal método me planteó dificultades tremendas. Se necesita el instrumental siguiente: un péndulo de metal o de cristal (de roca), una *planchette* alfabética como la que reproduce la figura 3 y un semicírculo numérico si la consulta va a versar sobre fechas o cuestiones relativas a números (fig. 4). Para dibujar un círculo no es imprescindible disponer de un compás; un simple plato puesto boca abajo sobre el papel puede servirnos.

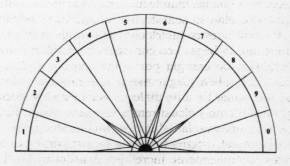

Fig. 4. Semicírculo numérico.

119

Siéntese a una mesa que le permita apoyar cómodamente ambos codos, enrolle en el dedo índice de la derecha el extremo del hilo y sujételo con el pulgar, procurando evitar que se acalambre la mano. Sostenga el péndulo sobre el centro exacto del círculo y formule la invocación de la personalidad con quien desee comunicarse, o en su defecto, diga qué clase de ayuda necesita.

Para ser sincera debo confesar que aquella noche perdí la paciencia. Tenía prisa y estaba demasiado nerviosa. Lo que me proporcionó la oportunidad de observar un auténtico fenómeno de telecinesis, aunque esto no lo comprendí sino mucho tiempo más tarde. Como me temblaba la mano y el péndulo no me daba ninguna respuesta concluyente, me dije: «Okey, ¡pues que se ocupe de ello el señor Kohut en persona!». Y colgué el péndulo de un hilo largo, que até al gancho del techo que normalmente me sirve para colgar todos los inviernos la corona de Adviento. Después de centrar exactamente debajo del péndulo el semicírculo numérico, me senté cómodamente y me dispuse a esperar.

Al principio el péndulo osciló al azar, pero luego vi que se detenía con una leve vibración sobre el punto central. Y luego, contraviniendo todas las leyes de la física, apuntó sucesivamente a las distintas letras hasta formar la frase «nos volvemos volando».

Al mismo tiempo tuvo lugar en mi mente el diálogo que he descrito en el capítulo biográfico. La frase en cuestión se formó después de «espera un momento, no es fácil» y tardó unos cinco minutos. Este experimento ha sido el primero y el último de los que he logrado dejando el péndulo en oscilación libre.

A partir de esa fecha he practicado todos los días durante un lapso de tiempo comprendido entre un cuarto de hora y media hora, al principio sólo con el «sí» y el «no» (fig. 2). Una vez corroborada la validez de los resultados así obtenidos (y hay que ver lo mucho que puede conseguirse mediante preguntas sencillas que puedan contestarse afirmativa o negativamente), empecé a practicar con el círculo alfabético (fig. 3).

Tardé cerca de medio año en alcanzar una eficacia satisfactoria, lo que me permitió prescindir de ayudas siempre que me fue necesario. Por aquel entonces conocí «casualmente» a una maestra que me inició en el uso correcto de las vocales y las consonantes, es decir de aquellas fórmulas mágicas (pues eso es lo que son) que permiten hermetizar con toda seguridad el ambiente excluyendo la presencia de entidades indeseables.

Las dos fórmulas más indispensables para cualquier sesión son:

1) D - S - S.
2) J - H - W.

Su empleo es el siguiente: inhale profundamente y, al tiempo que exhala, pronuncie diecisiete veces seguidas, enunciándola con la mayor claridad y precisión, la fórmula D-S-S. De no obtener el efecto esperado, proceda por el mismo sistema con la fórmula J-H-W.

El procedimiento empleado por mí actualmente consiste en visualizar estas consonantes en forma de gigantescas letras de fuego que flotan en medio de la estancia, y las dejo ahí hasta que concluye la sesión, en cuyo momento las disuelvo imaginariamente en una luz blanca que se absorbe en mi plexo solar.

Este muro protector imaginario funciona a la perfección y no sólo en los contactos con el más allá. Muchas veces me ha servido para poner en fuga, literalmente, a algún personaje antipático, es decir para alejarlo de mi entorno.

Con lo dicho queda el lector impuesto de cuanto pueda necesitar para ponerse en comunicación con sus espíritus tutelares. Cultive usted estos conocimientos, que son preciosos.

Para terminar quiero citar un último y muy importante procedimiento que le permitirá resolver sus dificultades personales gracias a la ayuda de los espíritus protectores, y que me sirve como recurso cuando el estrés de la vida cotidiana no me concede el reposo indispensable para la consecución de soluciones óptimas: los sueños.

Durante el sueño el alma se libera del cuerpo y bajo estas circunstancias se inauguran insospechadas posibilidades. Antes de dormirse concentre sus reflexiones en su espíritu protector. Descríbale mentalmente el problema y ruéguele su asistencia durante el sueño. Usted soñará la solución o despertará con ella en la mente. No le ocultaré que muchas veces se necesitan varios intentos y, como siempre, mucha paciencia y confianza en sí mismo.

Aunque sus esfuerzos no surtan resultados inmediatos, jamás debe abandonar la fe, porque ésta es el motor que comunicará impulso a todos sus éxitos.

El ser humano precisa de la fidelidad interior.
La íntima confianza en la guía de las entidades
espirituales.
Sobre esta guía podrá edificar
su propio ser y su esencia
y dará sentido con ello
empapándose y cobrando fuerzas
con la Luz Eterna.

Rudolf Steiner

Índice

Impreso en LITOGRAFÍA ROSÉS, S. A.
Progrés, 54-60. Polígono La Post
Gavá (Barcelona)